Andreas Braun

NACHHALTIG INVESTIEREN – simplified

TITEL DER SIMPLIFIED-BUCHREIHE

Wieland Arlt
Risiko- und Money-Management

Holger Bengs | Mike Bayer
Investieren in Biotechnologie

Norbert Betz | Ulrich Kirstein
Börsenpsychologie

Andreas Braun
Social Trading

Andreas Braun
Nachhaltig investieren

Ed Downs
Die besten Chartmuster

Georg Eckert
Die Privatanlegerbibel

Judith Engst
Erben und vererben

Horst Fugger
Börsenlexikon

Lars Gottwik
Rainbow-Trading

Peter Hasler
Unternehmensanleihen

Markus Jordan
Zertifikate

Jay Kaeppel
Die 4 größten Fehler beim Handel mit Optionen

Dennis Metz
Devisenhandel

Markus Miller
Abgeltungssteuer – Nein danke!

David Morgan
Insiderwissen: Silber

Dr. Klaus Mühlbauer
Die 133 wichtigsten Fragen und Antworten zur Vermögensanlage

Melvin Pasternak
Die 21 wichtigsten Candlestick-Formationen

Michael J. Plos
Alles, was Sie über Day-Trading wissen müssen

Michael Proffe
Die besten Trendfolgestrategien

Stefan Riße
CFDs

Karin Roller
Kursziele bestimmen mit Fibonacci

Christopher A. Runge | Martin Užík | Konstantin von Reden-Lütcken
Alternative Wege der Unternehmensfinanzierung

Arne Sand | Max Schott
Die besten Dividenden-Aktien

Raimund Schriek
Besser mit Behavioral Finance

Daniel Schütz
Trading für Einsteiger

Daniel Schütz
CFD-Trading

Engst | Morrien
Depotabsicherung leicht gemacht

Norman Schwarze
Depotabsicherung leicht gemacht

André Tiedje
Elliott-Wellen leicht verständlich

Michael Vaupel
Mehr Geld verdienen mit Rohstoffen

Martin Voigtmann
Geschlossene Fonds

Harald Weygand
Short Selling

Daniel Wilhelmi
BRIC ist die Zukunft

Andreas Braun

NACHHALTIG INVESTIEREN

Mehr Rendite mit ökologischen, ethischen und sozialen Geldanlagen

simplified

FBV

simplified

Redaktion: Judith Engst
Korrektorat: Silvia Kinkel
Umschlaggestaltung: Catharina Aydemir
Umschlagfoto: shutterstock.com/petrmalinak
Satz: Daniel Förster, Berlgern
Druck: CPI books GmbH, Leck
Printed in Germany

Originalausgabe, 1. Auflage 2020

Nymphenburger Straße 86
D-80636 München
Tel.: 089 651285-0
Fax: 089 652096

Für Fragen und Anregungen:
info@finanzbuchverlag.de

Bibliografische Information der Deutschen Nationalbibliothek: Die Deutsche Nationalbibliothek verzeichnet diese Publikation in der Deutschen Nationalbibliografie. Detaillierte bibliografische Daten sind im Internet über http://d-nb.de abrufbar.

ISBN 978-3-95972-305-3
ISBN E-Book (PDF) 978-3-96092-565-1
ISBN E-Book (EPUB, Mobi) 978-3-96092-593-4

simplified

Inhalt

simplified

Einleitung: Warum nachhaltiges Investieren die Welt verändert

Nachhaltigkeit liegt im Trend. Das gilt längst nicht mehr nur an der Bio-Theke im Supermarkt oder beim Kauf eines spritsparenden Autos. Auch bei der Geldanlage haben private Anleger inzwischen immer häufiger die Wahl: Lege ich mein Geld in einem »konventionellen« oder einem »grünen« Sparbrief an? Kaufe ich Aktien von Unternehmen, die eine gute Kursentwicklung und hohe Dividenden versprechen oder achte ich dabei zusätzlich darauf, ob sich diese Unternehmen für den Umweltschutz und für ihre Mitarbeiter einsetzen? Reicht mir beim Kauf von Investmentfonds ein Standard-Produkt oder ist es mir wichtig, dass das Fondsmanagement bei der Auswahl von Aktien oder Anleihen hohe ethische und ökologische Standards einhält?

Es gibt gute Gründe, bei der privaten Geldanlage mehr auf Nachhaltigkeit zu setzen: Der Klimawandel bedroht unsere Lebensgrundlagen. Unternehmen beuten vielfach die Ressourcen der Erde, aber auch ihre Mitarbeiter aus oder stellen Produkte her, die ethisch fragwürdig sind. Die soziale Ungleichheit zwischen Arm und Reich hat sich in den vergangenen Jahrzehnten weiter verschärft. In vielen Staaten herrschen Korruption und Vetternwirtschaft. Der Wohlstand, der insgesamt weltweit wächst, ist immer noch ungleich verteilt.

Die Herausforderungen, die uns global, aber auch ganz individuell betreffen und betroffen machen, werden immer stärker wahrgenommen. Es gibt viele Möglichkeiten, sich aktiv für Veränderungen einzusetzen, die Umwelt, Wirtschaft und Gesellschaft zum Positiven verändern, die die Welt zu einem besseren Ort machen: Politisches Engagement, aktiver Umweltschutz, der Einsatz für Menschen- und

Tierrechte oder auch einfach ein verändertes Konsumverhalten sind Beispiele dafür. Der Begriff der Nachhaltigkeit, der zuerst im 18. Jahrhundert geprägt wurde und den bewussten, schonenden Umgang mit Waldbeständen beschrieb, ist heute zum Synonym einer globalen Denkweise geworden.

Grüne Aktien, Fonds und Kredite

Jeder Privatanleger kann heute die Möglichkeiten einer nachhaltigeren Geldanlage nutzen und bewusst einsetzen. Aktuelle Umfragen zeigen, dass die Mehrzahl der Bundesbürger mehr unter ökologischen, ethischen oder sozialen Gesichtspunkten investieren möchte. Gleichzeitig herrscht aber bei vielen Ratlosigkeit über das »Wie« einer konkreten Anlage mit Nachhaltigkeits-Anspruch.

Dabei sind die Möglichkeiten vielfältig. Anleger können direkt in Umweltprojekte wie Wind-, Wasser- oder Solarparks investieren. Sie können sich an Unternehmen beteiligen, die nachhaltig wirtschaften oder entsprechende Produkte herstellen, einfach indem sie deren Aktien kaufen. Durch den Erwerb von Green Bonds, Anleihen von Staaten oder Unternehmen, können konkrete ökologische oder soziale Projekte mitfinanziert werden. Eine Vielzahl von Investmentfonds bündeln Aktien oder Anleihen in ihren Fondsportfolios, bei denen Nachhaltigkeits-Kriterien beachtet werden. Die Fondsanteile können direkt bei der Fondsgesellschaft gekauft oder an der Börse gehandelt werden.

Über Mikrokredite können Menschen in weniger entwickelten Ländern direkt unterstützt werden, die sich etwa als Handwerker oder Bauern dort eine Existenz aufbauen wollen.

Auch auf die Unternehmensführung bestimmter Konzerne direkt Einfluss zu nehmen oder in bestimmte Wirtschaftszweige und Technologien zu investieren ist möglich. Als sogenannter Impact-Investor kann man auf die konkrete Wirkung der eigenen Geldanlage abzielen.

Für den Sparer bieten sich selbst »grüne« Sparbriefe oder Tages- und Festgelder an. Dabei müssen die Banken sicherstellen, dass mit den betreffenden Spargroschen ausschließlich Umweltprojekte gefördert werden. Angeboten werden solche Bankprodukte in der Regel von Instituten, die sich selbst dem Nachhaltigkeits-Gedanken verschrieben haben. Sie finanzieren mit ihren Krediten nur Unternehmen, die entsprechende Ziele verfolgen oder Produkte herstellen.

Mit seinem Ansatz ist der nachhaltige private Investor längst nicht mehr allein. Ökologische, ethische und soziale Kriterien legen seit vielen Jahren auch Großinvestoren bei ihren Entscheidungen zugrunde – so etwa der norwegische Staatsfonds, der einer der größten institutionellen Anleger weltweit ist. Viele Pensionskassen, Versicherungen oder auch Kirchen engagieren sich finanziell ausschließlich oder zum großen Teil unter Beachtung solcher Gesichtspunkte.

Die Finanzindustrie denkt um

Der Markt für ökologische, ethische oder soziale Anlagen ist in den vergangenen Jahren rasant gewachsen, wie Abbildung 1 zeigt. Denn auch die Finanzindustrie ist im Wandel. Sie stellt sich schnell auf die höhere Nachfrage vonseiten vieler Investoren ein. Und sie reagiert gleichzeitig auf neue Vorgaben von Politik und Regulierungsbehörden. Banken und Versicherungen, Fondsgesellschaften und Anleihe-Emittenten werben mit »grünen«, ethischen und sozialen Investments für jedermann. Ganze Produktpaletten werden auf nachhaltig getrimmt.

Anbieter grüner Direktinvestitionen wie Wind-, Wald- oder Solarparks schalten Werbeanzeigen mit teils unrealistisch hohen Renditeversprechen, und das bei Risiken, die oft für Privatanleger kaum abzuschätzen sind. In den vergangenen Jahren haben in diesem Bereich spektakuläre Pleiten wie die des Windpark-Betreibers Prokon für Schlagzeilen gesorgt. Anlegergelder in Millionenhöhe haben sich dabei buchstäblich in Luft aufgelöst. Nicht alle Projekte, die etwa in der Umweltbranche gestartet werden, verfügen auch über ein funktionierendes Geschäftsmodell, das ist die Lehre aus solchen Anlageflops.

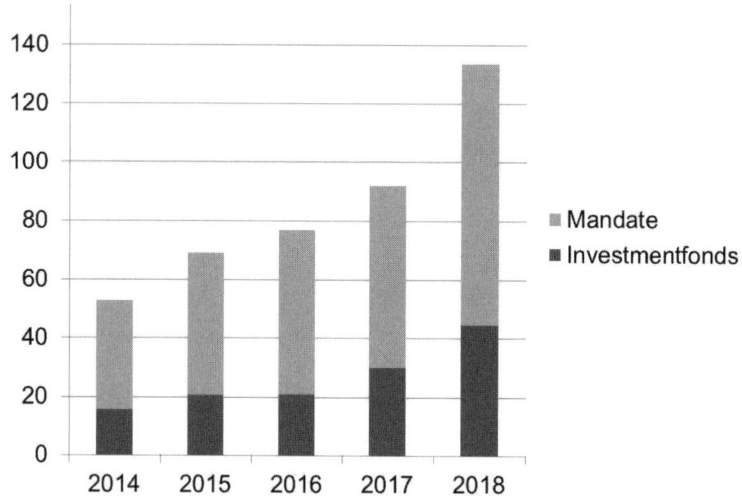

Abbildung 1: Nachhaltige Investmentfonds und Mandate in Deutschland (in Mrd. Euro), Quelle: FNG

Und die Unternehmen? Sie haben die Notwendigkeit längst erkannt, die durch neue Anforderungen aus Politik und Gesellschaft entstanden sind. Produkte und Produktionsprozesse, aber auch die Unternehmensführung (Neudeutsch: Corporate Governance) stehen dabei auf dem Prüfstand der Anleger und auch der Mitarbeiter und Lieferanten.

Wie nachhaltig ist nachhaltig?

Für den Anleger stellt sich die schwierige Aufgabe, aus der unübersehbaren Vielfalt der Anlagemöglichkeiten und Produkte eine Auswahl zu treffen. Wie nachhaltig ist dieser oder jener Fonds beziehungsweise diese oder jene Anleihe wirklich? Verpflichtet sich ein Unternehmen wirklich auf Grundsätze der guten Unternehmensführung und stellt es seine Produkte ressourcenschonend her? Oder betreibt es in Wahrheit Etikettenschwindel, im Fachjargon »Greenwashing« genannt?

Der interessierte Privatanleger wird derzeit mit ganz verschiedenen Ansätzen und Interpretationen von Nachhaltigkeit konfrontiert. Am Markt gibt es eine ganze Reihe von Siegeln für Anlageprodukte, die stark voneinander abweichen und die unterschiedlich strenge Auflagen machen. Fondsanbieter können bislang unter dem Label der Nachhaltigkeit ganz verschiedene Strategien wählen, um ihre selbst definierte Zielvorgabe zu erreichen.

Rating-Agenturen und Anbieter von Nachhaltigkeits-Indizes liefern dazu die Rohdaten. Bei vielen tausend Unternehmen oder Produkten wird die Erfüllung vielfältigster Nachhaltigkeits-Faktoren erhoben und in zeitlichen Abständen überprüft. Selbst diese Verfahren unterscheiden sich von einem zum anderen Datenanbieter.

Anleger dürfen hier in den kommenden Jahren sicher mit Erleichterungen rechnen. Eine EU-weite Regelung für nachhaltige Finanzprodukte wird in den kommenden Jahren greifen, die die Übersicht und Auswahl erleichtert. Sie wird auch für eine höhere Transparenz bei der Beratung sorgen und dabei helfen, die Spreu vom Weizen zu trennen. Weiterhin wird es aber gleichwohl schlecht gemanagte Unternehmen und renditeschwache Fondsprodukte geben, die besser nicht im eigenen Depot landen. Und weiterhin werden unseriöse Anbieter, die sich im sogenannten grauen Kapitalmarkt unreguliert bewegen, mit verlockenden Renditen werben, die in Wahrheit nicht oder nur um den Preis überhöhter Risiken zu erreichen sind.

Neue Art des Investierens

Geldanlage mit dem Anspruch, ökologische und soziale Aspekte zu berücksichtigen, erfordert grundsätzlich aktive, interessierte, gut informierte, bewusste Anleger. Viele aktuelle Erhebungen zeigen, dass das Interesse daran wächst. Die Milliarden an Zuflüssen, die nachhaltige Anlageprodukte auch aus privaten Mitteln verzeichnen, belegen den Trend ebenfalls. Binnen zehn Jahren hat sich zum Beispiel die Summe der in Deutschland investierten Gelder in nachhaltige Investmentfonds verzehnfacht – auf 44,7 Milliarden Euro im Jahr 2018, wie das Forum Nachhaltige Geldanlage (FNG) ermittelt hat (siehe Abbildung 1). Die Wachstumsraten liegen Jahr für Jahr im zweistelligen Prozentbereich.

Die neue Art des Investierens unterscheidet sich in verschiedener Hinsicht von der klassischen Geldanlage. Und doch gibt es viele verblüffende Übereinstimmungen. Wer nachhaltig investieren will, hat naturgemäß einen eher langen Zeithorizont, er ist in erster Linie nicht an schnellen Gewinnen interessiert, sondern am langfristigen Vermögensaufbau, sei es mit Aktien, Fonds oder Anleihen. Die Wirkung und Zielrichtung seines Investments stehen im Vordergrund.

Anleger im nachhaltigen Sinne wollen Technologien fördern, die auf umweltschonende Weise Energie erzeugen, Ressourcen wie Wasser aufbereiten helfen oder konkrete soziale Projekte finanzieren. Sie wollen Unternehmen mit guter Unternehmensführung (Corporate Governance) unterstützen, die ihre Mitarbeiter gezielt fördern, eine bessere Vereinbarkeit von Beruf und Familie ermöglichen und den Frauenanteil in Führungsgremien erhöhen.

Die Unternehmen, die der Anleger bei der Suche nach geeigneten nachhaltigen Investments findet, sind in der Regel innovative Firmen, die sich in schnell wachsenden Märkten durchsetzen. Die Branchen, in denen sie sich tummeln, gehören zu den »Megatrend«-Sektoren im 21. Jahrhundert. Das sind etwa erneuerbare Energien, ökologisches Bauen und Wohnen, umweltschonender Verkehr und »grüne« Mobilität sowie Gesundheit und Soziales oder gesunde Ernährung.

Unter den Firmen, deren Aktien oder Anleihen der nachhaltige Investor erwirbt, wählt er idealerweise die Besten aus. Denn Unternehmen, die die höchsten Werte im Hinblick auf ökologisches Wirtschaften oder beim Umgang mit ihren Mitarbeitern haben, setzen sich langfristig auch im Wettbewerb durch.

Rendite ist nachhaltig

Langfristig orientierte Investoren erhalten also nicht nur eine »soziale Rendite«, indem sie Unternehmen, Branchen und Projekte fördern, die die Umwelt schonen und der Gesellschaft zugutekommen. Sie fahren auch eine klassische Rendite in Form von Kurssteigerungen, Zinsausschüttungen oder Dividenden ein.

Dass die Rendite solcher Investments nicht geringer sein muss als die im konventionellen Finanzmarkt, das zeigen viele Studien und Vergleiche. Indizes, die eine Vielzahl von Aktien nachhaltiger Unternehmen enthalten, schneiden regelmäßig besser ab als die üblichen Aktienbarometer, wie unser Vergleich des MSCI Europe und des MCSI Europe SRI beispielhaft zeigt (siehe Abbildung 2). Die Innovationskraft, Dynamik und Zukunftsorientierung von Firmen, die verantwortungsvoll und nachhaltig arbeiten, schlägt sich meist in steigenden Gewinnen und wachsenden Marktanteilen nieder. Damit legen deren Aktien entsprechend stärker zu. Rendite und Nachhaltigkeit schließen sich eben nicht aus. In einer globalen Gesellschaft, die sich immer stärker auf diese Ziele ausrichtet, gehen sie sogar Hand in Hand.

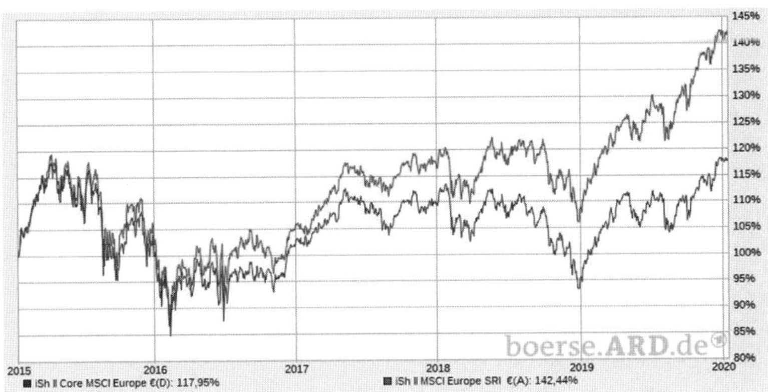

Abbildung 2: Chartvergleich iShares MSCI Europe ETF und des iShares MSCI Europe SRI ETF, Quelle: boerse.ARD.de

Natürlich muss der nachhaltige Investor auch mit speziellen Risiken leben. Wer etwa auf Mikrofinanzfonds setzt, mit denen Kleinstkredite in Asien oder Lateinamerika finanziert werden, muss mit höheren Kreditausfallquoten rechnen. Wer auf einzelne Umweltprojekte setzt, hat unter Umständen ein großes Klumpenrisiko im Depot, das möglicherweise von einem Totalausfall bedroht ist.

Im Aktienmarkt scheiden ganze Branchen als Investmentmöglichkeit aus. Je nach Nachhaltigkeits-Ansatz zum Beispiel Öl- und Gas-Unternehmen, Tabakkonzerne oder Waffenhersteller. Damit verengt sich das Universum der Unternehmen, in die nachhaltig investiert werden kann. Dadurch wiederum wird die Streuung im eigenen Portfolio (Diversifikation) tendenziell eingeschränkt, was statistisch eine höhere Schwankungsneigung im Depot mit sich bringt.

Spielregeln fürs nachhaltige Depot

Um Risiken und Schwankungen bestmöglich in Schach zu halten, kann der nachhaltig agierende Anleger aber dieselben Erkenntnisse und Methoden nutzen, die im herkömmlichen Portfolio-Management eingesetzt werden.

Noch vor dem Einstieg ins Investieren sollte er eine kleine Bestandsaufnahme bei sich selbst vornehmen:

- Wie sieht es um meine Risikobereitschaft aus?
- Welche Verluste kann ich auf Sicht von fünf, zehn oder mehr Jahren maximal schultern, ohne dass sie mir schlaflose Nächte bereiten?
- Für wie lange möchte ich mich generell bei einem Engagement in nachhaltige Geldanlagen binden?

> Wie liquide sollen die betreffenden Anlagen sein, sprich wie schnell muss ich über welchen Betrag aus meinen Investments verfügen können?

Gerade von den Fragen nach der Risikobereitschaft und der gewünschten Liquidität hängt grundsätzlich ab, wie stark man als Anleger in unterschiedlichen Anlageklassen und Produkten vertreten sein sollte.

Spätestens seit Nobelpreisträger Harry M. Markowitz seine Theorie von der optimalen Portfolio-Zusammensetzung (Asset Allocation) weltweit bekannt gemacht hat, gilt die Aufteilung der gesamten Anlage auf mehrere Anlage- oder Asset-Klassen als Standard. Das heißt, dass Aktien, Anleihen, aber auch gegebenenfalls Rohstoffe oder Immobilien in einem bestimmten Verhältnis eingesetzt werden. Dies sorgt für weniger Schwankungen und Risiken des Depotwerts, ohne langfristig die Renditechancen zu verringern.

»Diversifikation«, das ist auch das Ziel innerhalb einzelner Anlageklassen. Wer sich etwa im Aktienmarkt breit aufstellt, sollte nicht nur auf eine Handvoll Papiere setzen. Er sollte breit streuen, am besten über Investmentfonds. Sie bündeln Hunderte oder sogar Tausende Einzeltitel, zumeist aus verschiedenen Branchen und Regionen.

Ist eine solche Asset Allocation geschafft, muss sie im Zeitverlauf überprüft werden. In regelmäßigen Abständen wird dann ein Rebalancing durchgeführt, eine Rückkehr zur ursprünglichen Verteilung des Depots auf die verschiedenen Anlageklassen: Ist in guten Börsenjahren der Aktienanteil stärker gewachsen als der Anleihenanteil, wird durch entsprechende Käufe und Verkäufe die alte Gewichtung wieder hergestellt.

Nicht zuletzt achtet auch der ökologisch, ethisch und sozial motivierte Anleger auf die Kostenseite. Fonds, die zu hohe Ausgabeaufschläge verlangen oder zu hohe laufende Verwaltungsgebühren verursachen, schaden auch der nachhaltigen Rendite. Auch der Kauf und Verkauf einer Aktie oder eines Fondsanteils sollten möglichst wenig Kosten verursachen. Dafür kann bereits die Wahl der richtigen Direktbank oder des richtigen Brokers sorgen.

Anleger mit dem Anspruch, nachhaltig zu investieren, haben in einer sich rasant ändernden Finanzlandschaft immer bessere Möglichkeiten. Sie müssen muss aber weiterhin aktiv ihre Anlage im Blick behalten und ihren Anlagestil auch hin und wieder überprüfen: Erfüllen die Unternehmen, auf die sie setzen, auch in einem halben Jahr noch die Anforderungen, zum Beispiel an Umweltschutz oder den verantwortlichen Umgang mit Mitarbeitern? Ist der Fonds, der vor einem oder zwei Jahren gekauft wurde, wirklich noch »grün«? Gibt es Möglichkeiten, die eigenen nachhaltigen Anlageziele mit anderen Mitteln und Produkten besser zu erreichen?

Dabei soll dieses Buch helfen: Beim Verständnis von Nachhaltigkeit, bei der Beurteilung und der Auswahl von Anlagemöglichkeiten, der Einschätzung einzelner Produkte und bei der sinnvollen Zusammenstellung eines nachhaltigen privaten Portfolios. Die Zukunft ist in jedem Fall »grün«, sie wird von ökologischen, ethischen und sozialen Werten angetrieben – auch in der Welt der Finanzen.

simplified

1. Megatrend Nachhaltigkeit

Kaum ein Begriff hat in den vergangenen Jahren eine ähnliche Entwicklung genommen wie der der Nachhaltigkeit (Engl. Sustainability). Nachhaltig soll und will im Jahr 2020 vieles sein, und zwar im ganz privaten, aber auch im öffentlichen Bereich: Bei der Ernährung achtet der Konsument zunehmend auf Bio-Siegel und Fairtrade-Lebensmittel. Der Strom aus der Steckdose soll nicht mehr aus dem Kohlekraftwerk kommen, sondern zumindest teilweise mithilfe von Sonne und Wind produziert worden sein.

Wer für den Weg zur Arbeit zu Bahn oder Fahrrad wechselt und beim nächsten Urlaub nicht ins Flugzeug nach Dubai, sondern in den Zug nach Norddeich steigt, achtet bewusst auf einen möglichst kleinen CO_2-Fußabdruck.

Kleidung aus Naturfasern, natürliche Farb- und Duftstoffe bei Kosmetika, Hamburger-»Fleisch« aus Pflanzeneiweiß oder Getränke, die in Flaschen aus pflanzlichem Kunststoff abgefüllt werden – der Bundesbürger wird auf Schritt und Tritt mit dem Anspruch an Nachhaltigkeit konfrontiert.

Auch in der Welt der Wirtschaft ist Nachhaltigkeit inzwischen zu einer Messlatte für Produkte und Prozesse aller Art geworden. Unternehmen liefern mit schöner Regelmäßigkeit Nachhaltigkeits-Berichte ab. Auch Chemie- oder Ölkonzerne wollen heute möglichst nachhaltig wirtschaften, Ressourcen schonen und umweltfreundlich produzieren. Ob Auto-, Pharma- oder Smartphone-Hersteller: Im Kampf um den Kunden und um Marktanteile will jede Firma möglichst »grün« und sozial verantwortlich erscheinen – nachhaltig zu sein ist beinahe zur Pflichtübung geworden, Nachhaltigkeit wird mehr und mehr zum »Lifestyle«.

1.1. Von der Waldwirtschaft zum Klimaziel

Die Begriffsgeschichte der Nachhaltigkeit führt im deutschen Sprachraum zurück ins frühe 18. Jahrhundert. Der Forstexperte Hans Carl von Carlowitz ordnete 1713 in einem Werk erstmals den Begriff »nachhaltig« in die Bedeutung eines ressourcenschonenden Umgangs mit der Natur, konkret dem Wald, ein. Er fragte darin, »wie eine sothane [solche] Conservation und Anbau des Holzes anzustellen / daß es eine continuirliche beständige und nachhaltende Nutzung gebe / weiln es eine unentbehrliche Sache ist / ohne welche das Land in seinem Esse nicht bleiben mag«[1].

Von Nachhaltigkeit in substantivierter Form sprach 1832 der deutsche Forstfachmann Emil André, und zwar gleich im Titel seines Buches »Einfachste den höchsten Ertrag und die Nachhaltigkeit ganz sicher stellende Forstwirthschafts-Methode«[2].

Lexikalisch erwähnt wird der Begriff der Nachhaltigkeit erstmals 1910 als »das Beständige und Unablässige wie auch das ununterbrochen Fortlaufende, das Wirksame und Nachdrückliche oder einfach der Erfolg oder die Wirksamkeit einer Sache«[3].

Bis der Begriff der Nachhaltigkeit schließlich eine gesellschaftliche und politische Dimension erhielt, dauerte es bis in die zweite Hälfte des 20. Jahrhunderts.

1.1.1 Die Grenzen des Wachstums

Eine Bewusstseinswende in der Fachöffentlichkeit, aber auch in Teilen der Bevölkerung der westlichen Industriestaaten, löste die 1972 erschienene Studie »Die Grenzen des Wachstums« (Engl. »The Limits to Growth«) aus. Sie wurde vom renommierten Massachusetts Institute of Technologie (MIT) erarbeitet und war vom Club of Rome, einem internationalen Zusammenschluss von Wissenschaftlern, in Auftrag gegeben worden. Der Untertitel lautet: »Bericht des Club of Rome zur Lage der Menschheit«. Darin werden verschiedene Szenarien in den Bereichen Industrialisierung, Bevölkerungswachstum, Unterernährung, Ausbeutung von Rohstoffreserven und Zerstörung von Lebensraum durchgespielt.

Das Fazit dieses Berichts liest sich wenig schmeichelhaft für die Menschheit: »Wenn die gegenwärtige Zunahme der Weltbevölkerung, der Industrialisierung, der Umweltverschmutzung, der Nahrungsmittelproduktion und der Ausbeutung von natürlichen Rohstoffen unverändert anhält, werden die absoluten Wachstumsgrenzen auf der Erde im Laufe der nächsten hundert Jahre erreicht.«[4]

Der Bericht des Club of Rome wurde in den folgenden Jahren heftig und kontrovers in Wissenschaft und Politik diskutiert. Er dürfte einer der Treiber des Bewusstseinswandels gewesen sein, der auch in Deutschland zu einer Stärkung der Umweltbewegung führte.

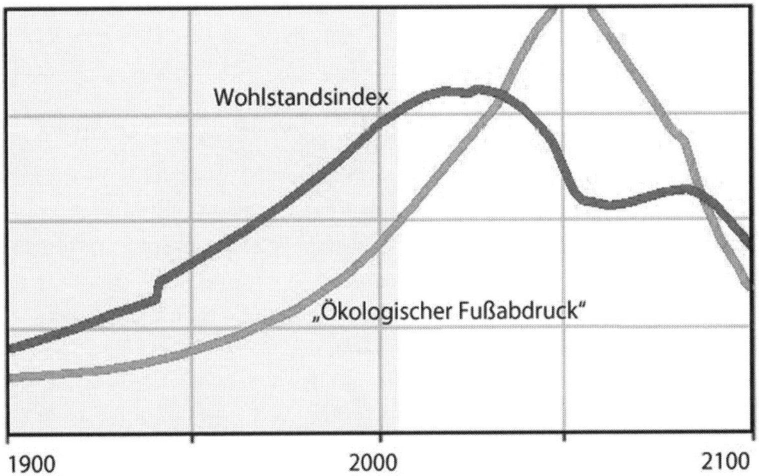

Abbildung 3: Wohlstand und ökologischer Fußabdruck, laut dem Club of Rome, Quelle: Wikipedia

Der anschließende »Marsch durch die Institutionen« sorgte 1980 zunächst für die Gründung der Partei »Die Grünen«. Ihr Einzug in den Deutschen Bundestag 1983 brachte die Balance im deutschen Parteiensystem gehörig durcheinander.

1.1.2 Brundtland-Bericht

Die Grundlage für die heutige Definition von Nachhaltigkeit entstammt dem Abschlussbericht der »Brundtland Kommission«, benannt nach der ehemaligen norwegischen Ministerpräsidentin Gro Harlem Brundtland. Er ist das Ergebnis einer Untersuchung der Weltkommission für Umwelt und Entwicklung der Vereinten Nationen und fand nach seiner Veröffentlichung im Jahr 1987 international viel Beachtung. Darin heißt es:

> »Nachhaltige Entwicklung ist eine Entwicklung, die die Bedürfnisse der Gegenwart befriedigt, ohne zu riskieren, daß künftige Generationen ihre eigenen Bedürfnisse nicht befriedigen können.«[5]

Und noch konkreter:

> »Im wesentlichen ist nachhaltige Entwicklung ein Wandlungsprozeß, in dem die Nutzung von Ressourcen, das Ziel von Investitionen, die Richtung technologischer Entwicklung und institutioneller Wandel miteinander harmonieren und das derzeitige und künftige Potential vergrößern, menschliche Bedürfnisse und Wünsche zu erfüllen.«

Erstmals ist in dieser Einordnung von der Verbindung zwischen Wirtschaft, Umwelt und Gesellschaft beim Thema Nachhaltigkeit die Rede. Gewissermaßen wurde hier der Grundstein eines umfassenden Nachhaltigkeits-Denkens gelegt. Dabei geht es neben der Ausrichtung auf ressourcenschonendes Wirtschaften auch um ethische und soziale Belange in der Gesellschaft.

Der Brundtland-Bericht sorgte aufseiten der Vereinten Nationen dafür, dass in einer »Agenda 21« Leitlinien für das 21. Jahrhundert entwickelt wurden, die sich vor allem dem Thema Nachhaltigkeit widmen. 172 Staaten beschlossen diese Leitlinien auf einer Konferenz in Rio de Janeiro im Jahr 1992.

1.1.3 Kyoto, Paris und das Zwei-Grad-Celsius-Ziel

Ohne diese vorangegangene Entwicklung wäre es wohl kaum 1997 zum Kyoto-Protokoll und zum Pariser Klimagipfel 2015 gekommen. Die Beschlüsse von Paris sind für die Staaten der Welt noch immer die maßgebliche Grundlage für die Eindämmung des von Menschen verursachten Klimawandels.

In der japanischen Stadt Kyoto wurde 1997 ein Rahmenübereinkommen der Vereinten Nationen zu Klimaänderungen beschlossen. Es trat erst 2005 in Kraft und legt Zielwerte für den Ausstoß von Klimagasen in den Industrieländern fest. Damit erhielten die Ziele Gesetzeskraft in denjenigen Ländern, die dieses Übereinkommen ratifizierten. Das haben bis 2011 insgesamt 191 Staaten getan – mit Ausnahme der USA. Die Teilnehmer verpflichteten sich, ihren jährlichen Treibhausgas-Ausstoß innerhalb der sogenannten ersten Verpflichtungsperiode (2008–2012) um durchschnittlich 5,2 Prozent gegenüber dem Stand von 1990 zu senken.[6]

Mit dem »Pariser Übereinkommen« 2015 wurde in Sachen Klimawandel die wichtigste aktuelle Vorgabe für die Unterzeichner festgelegt. Es wurde am 12. Dezember 2015 auf der UN-Klimakonferenz in der französischen Hauptstadt verabschiedet, trat im November 2016 in Kraft und wurde bis zum November 2017 von allen Staaten der Erde anerkannt. Damit waren im Gegensatz zum Kyoto-Protokoll auch große Staaten wie China, Indien und die USA mit an Bord. 2017 allerdings haben die USA unter der Administration des US-Präsidenten Donald Trump den Ausstieg aus den Vorgaben bis 2020 angekündigt.[7] Die Vereinbarung sieht im Kern vor, »den Anstieg der weltweiten Durchschnittstemperatur auf deutlich unter 2 °C gegenüber vorindustriellen Werten zu begrenzen« und möglichst »den Anstieg auf 1,5 °C zu begrenzen, da dies die Risiken und Folgen des Klimawandels deutlich vermindern würde«.

Weiterhin haben sich die Staaten verpflichtet, dass »die weltweiten Emissionen möglichst bald ihren Gipfel überschreiten, wobei den Entwicklungsländern hierfür mehr Zeit eingeräumt wird«.

Experten halten die globalen Veränderungen durch den Klimawandel für gerade noch steuerbar, sollte zumindest das Zwei-Grad-Celsius-Ziel erreicht werden. Sie gehen davon aus, dass eine ganz konkrete Obergrenze für Emissionen, die maximal noch freigesetzt werden dürfen, nicht überschritten werden darf. Diese Obergrenze liegt bei etwa 700 Milliarden Tonnen Kohlendioxid weltweit bis 2100. Erwärmt sich die Erde bis dahin um mehr als zwei Grad Celsius, kommt es nach Meinung der Forscher zu drastischen und unumkehrbaren Umweltveränderungen.

Die Stärke des Pariser Abkommens, nämlich die Staaten der Welt geschlossen hinter einem Ziel zu versammeln, ist gleichzeitig der entscheidende Schwachpunkt: Das Ziel ist nicht rechtsverbindlich, sondern die Staaten sollen es freiwillig, jeder für sich, umsetzen. Es handelt sich also um eine freiwillige Selbstverpflichtung, ein Phänomen, das bei Nachhaltigkeits-Zielen immer wieder auftaucht, nicht nur bei der Frage des Klimawandels.

1.2. Das Drei-Säulen-Modell der Nachhaltigkeit

Nachhaltigkeit im Sinne einer Erhaltung der Ressourcen auf dem Planeten Erde, und damit einer Erfüllung der Bedürfnisse von künftigen Generationen, das ist ein Ziel, über das auch in der Fachwelt heftig gestritten wird. Bedeutet nachhaltiges Wirtschaften und Leben, dass verbrauchte Ressourcen wie Rohstoffe, Waldbestände oder Frischwasser dem System Erde wieder in derselben Menge zugeführt werden müssen? Diese Position vertreten die Befürworter einer starken Nachhaltigkeit.

Als schwache Nachhaltigkeit wird dagegen ein Ansatz bezeichnet, bei dem der Mensch zur Befriedigung seiner Bedürfnisse Ressourcen auch verbrauchen kann, ohne sie gänzlich zu ersetzen. Durch den Einsatz verschiedener Technologien kann danach aber dennoch gewährleistet werden, dass das Kapital der Menschheit, die Lebensgrundlagen für die Gesellschaft, trotzdem erhalten bleiben.

Die Unterscheidung zwischen starker und schwacher Nachhaltigkeit erscheint akademisch. Doch sie kann sowohl dem Bürger als Konsumenten wie auch dem Investor bei Entscheidungen helfen. Etwa wenn er seinen eigenen Ressourcenverbrauch hinterfragt oder wenn er in Unternehmen investiert, die diese Ressourcen mehr oder weniger erhalten und ersetzen.

Die Vorstellung von Nachhaltigkeit, die heute allgemein anerkannt ist, beruht auf den Hinweisen des Brundtland-Berichts. Versinnbildet wird sie im Drei-Säulen-Modell (siehe Abbildung 4). Es wurde erstmals 2002 beim UN-Gipfel von Johannesburg verwendet.[8]

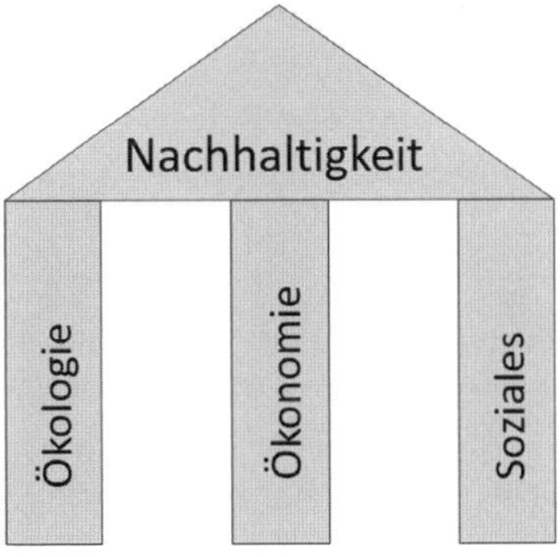

Abbildung 4: Drei-Säulen-Modell der Nachhaltigkeit, Quelle: eigene Darstellung

Die drei Säulen einer nachhaltigen Wirtschaft und Gesellschaft werden definiert als Ökonomie, Ökologie und Soziales. Sie sind zugleich die Basis von Nachhaltigkeits- oder Sustainability-Konzepten, die in der Finanzbranche genutzt werden. Fondsmanager und Vermögensverwalter verwenden sie bei Auswahl von Unternehmen und Finanzprodukten.

Die Säule der ökonomischen Nachhaltigkeit steht in diesem Modell für eine verantwortliche Wirtschaftsweise bei Unternehmen, aber auch in der Wirtschaftspolitik der einzelnen Staaten. Dazu gehört etwa eine ressourcenschonende Produktion, eine auf dauerhafte Tragfähigkeit angelegte wirtschaftliche Tätigkeit, bei der Unternehmen und Gesellschaft nicht über ihre Verhältnisse leben. Fairer Handel und Investitionen in das Humankapital eines jeden Unternehmens, also in die Mitarbeiter, sind ebenfalls Bestandteil dieser Säule. Auf der politischen Ebene bedeutet nachhaltiges Wirtschaften auch, die Verschuldung der öffentlichen Haushalte in Grenzen zu halten und auf ein außenwirtschaftliches Gleichgewicht zu achten.

Die Dimension der ökologischen Nachhaltigkeit im Modell enthält den Anspruch an den Schutz des Klimas, die Erhaltung der Artenvielfalt, den bewussten Umgang mit Ressourcen wie Wasser, Energie und endlichen Rohstoffen. Schäden am Ökosystem sollen vermieden werden. Nicht zuletzt gehört auch der verantwortliche Umgang mit der menschlichen Gesundheit dazu. Gesundheitsschädliche Stoffe stehen damit im Gegensatz zu einer ökologischen Nachhaltigkeit.

Zur Nachhaltigkeit in der menschlichen Gesellschaft gehört auch die Komponente der sozialen Nachhaltigkeit. Auf gesellschaftlicher Ebene fordert sie die Wahrung von Rechten, etwa zur freien Meinungsäußerung oder zur freien Entfaltung der Persönlichkeit. Auch die friedliche Austragung von Konflikten gehört in diesen Bereich. Starke soziale Ungleichgewichte stehen der sozialen Nachhaltigkeit entgegen. Auf Unternehmensebene ist soziale Nachhaltigkeit erreicht, wenn keine Ausbeutung oder Zwangsarbeit, sondern faire Bezahlung und die Förderung von Arbeitnehmern gegeben sind.

Kritik am Drei-Säulen-Modell gibt es praktisch seit seiner Entstehung. Ein durchaus berechtigter Einwand betrifft die eher abstrakte

Vorgabe von Zielen. Diese lassen sich nur schwer in konkrete Handlungsanweisungen übersetzen. Die Gleichrangigkeit der drei Säulen, Ökologie, Ökonomie und Soziales wird zum Teil kritisiert. Die Ökologie, die überhaupt erst die Lebensgrundlage für wirtschaftliches und gesellschaftliches Handeln bildet, solle daher Vorrang vor den beiden anderen Säulen haben. Nicht zuletzt würde das Drei-Säulen-Modell tendenziell eher von Befürwortern einer »schwachen Nachhaltigkeit« vertreten, so einige Kritiker. Denn es unterstelle eine wechselseitige Integration der drei Dimensionen. Dabei müsse das Ziel eher sein, Umweltaspekte in alle Politikbereiche zu integrieren. Einer der frühen Kritiker des Modells, der Sachverständigenrat für Umweltfragen (SRU), hat im Jahr 2008 allerdings eingeräumt, dass sich das Modell international durchgesetzt hat.

Die Verbindung von ökologischen, ökonomischen und sozialen Aspekten schlägt sich deshalb auch in praktisch allen internationalen Leitlinien, Kriterienkatalogen, Nachhaltigkeitindizes und Selbstverpflichtungen von Unternehmen in Sachen Nachhaltigkeit nieder. Damit ist das Modell auch das gedankliche Fundament, auf dem nachhaltiges Investieren aufsetzt.

simplified

2. Was ist nachhaltig? Ziele, Grundsätze und Begriffe

Orientierung in Sachen Nachhaltigkeit ist in der Welt der Finanzen mehr denn je gefragt. Große institutionelle Investoren wie Versicherungen oder Pensionsfonds, aber natürlich auch private Anleger fragen Aktien von Unternehmen und Finanzprodukte wie Investmentfonds immer stärker nach, die nachhaltig ausgerichtet sind.

Unternehmen, Anbieter von Fonds, aber auch Emittenten von Anleihen nutzen verschiedene Leitbilder oder Kriterienkataloge. Sie überprüfen damit ökologische, ethische und soziale Standards. Selbstverständlich dienen diese Standards auch als Verkaufsargument. Wer sich als Fondsgesellschaft mit Siegeln und Zertifizierungen schmücken kann, wirbt damit gleichzeitig um Käufer seiner Produkte.

Umgekehrt ist für Anleger die Beachtung verschiedener Nachhaltigkeits-Standards bei Unternehmen zunehmend ein wesentliches Argument, das für den Einstieg in eine Aktie oder einen Fonds spricht. Wer nachhaltig investieren will, trifft dabei auf eine Vielzahl von Begriffen und Kürzeln.

2.1. UN-Entwicklungsziele und EU-Taxonomie

Die Vereinten Nationen haben der Menschheit im Jahr 2015 ein Pflichtenheft für die Entwicklung der folgenden 15 Jahre auf den Weg gegeben, das auch in der Finanzbranche als Wegweiser und Referenz gilt:

die Sustainable Development Goals (SDG). 17 Nachhaltigkeits-Ziele sollen nach dem Beschluss der UN seit dem 1. Januar 2016 in allen Staaten der Welt verfolgt werden; dargestellt sind sie in Abbildung 5. Sie sind Teil der Agenda 2030, die bereits 2012 angestoßen wurde.[9]

Die Ziele klingen zunächst eher vage und unkonkret. Die UN-Statistikkommission hat aber in Zusammenarbeit mit dem Statistischen Bundesamt einen Katalog von Kriterien entwickelt, der die Erreichung der Ziele messbar macht. Die einzelnen Ziele wurden auf insgesamt rund 250 Indikatoren heruntergebrochen. Inwieweit die einzelnen Länder die Ziele der UN bereits erreicht haben, kann auf den Seiten der Vereinten Nationen aktuell abgerufen werden.[10]

Für Deutschland stellt das Statistische Bundesamt die SDG-Informationen seit Mitte 2019 auf einer eigenen Plattform detailliert öffentlich zur Verfügung.[11] Damit erhalten große Investoren wie auch private Anleger wichtige Hinweise zum Beispiel darauf, in welche Staaten investiert werden kann. Wer sich über den Stand der Ungleichheit in einem Land informieren will, die Geschlechtergerechtigkeit oder die Beachtung der Menschenwürde als Kriterium für ein Engagement nutzen will, hat damit ein Mittel zur Vorauswahl.

Abbildung 5: Sustainable Development Goals, Quelle; Vereinte Nationen

Einen großen Wurf versucht die Europäische Union (EU) in Sachen Reform des europäischen Finanzmarkts seit 2018. Am 18. März 2018 wurde ein »Aktionsplan: Finanzierung nachhaltigen Wachstums« veröffentlicht. Er soll dabei helfen, sowohl die Klimaziele von Paris als auch die Nachhaltigkeits-Ziele der UN umzusetzen. Die stärkere Berücksichtigung klimapolitischer Risiken im Finanzmarkt ist das Ziel. Zehn einzelne Teilziele hat die EU dabei festgelegt. Eines davon ist eine Taxonomie für nachhaltige Investments. Unter diesem griechischen Begriff ist ein Klassifikationssystem oder -schema zu verstehen. Konkret geht es der EU dabei darum, eine einheitliche Bewertung von Finanzprodukten einzuführen.

Eine Technical Expert Group hat ein solches Bewertungssystem erarbeitet, zu dem die Mitgliedsstaaten im September 2019 auch grünes Licht gegeben haben. Eingeführt werden soll die Taxonomie frühestens ab 2021. Der Grund für die Verzögerung ist ein inhaltlicher Streit über eine Frage, die sich der nachhaltige Investor in der Praxis auch immer wieder stellen muss: Welche Branche ist generell als nachhaltig zu bezeichnen? In der EU-Taxonomie ist die Frage derzeit noch ungeklärt, ob Atomenergie als nachhaltig einzustufen ist.

Ende 2019 konnte eine Einigung über drei Kategorien nachhaltiger Finanzprodukte erzielt werden. Neben einem Label für »uneingeschränkt nachhaltige« Produkte wird es Abstufungen für Finanzprodukte geben, die in nicht völlig emissionsfreie Projekte investieren, aber zum Übergang zur vollständigen Klimaneutralität beitragen.

2.2 ESG und SRI – Leitplanken für die nachhaltige Geldanlage

Das Kürzel ESG enthält die wichtigsten Leitplanken für nachhaltige Geldanlage, die es derzeit gibt, es steht für Environmental, Social und Governance, also Umwelt, Soziales und Unternehmensführung. Rating- und Research-Agenturen nutzen den ESG-Ansatz. Sie ermitteln

»ESG-Scores« für Aktien, Anleihen oder auch Fondsprodukte. Auch große Investoren, Vermögensverwalter, Pensionskassen oder Versicherungen beziehen mehr und mehr ESG-Werte in ihren Anlageprozess ein. Das Schlagwort dafür lautet »ESG-Integration«.

Was sich an überprüfbaren Informationen genau hinter den drei Buchstaben verbirgt, das ermitteln in der Regel Research-Agenturen, die auf das Thema Nachhaltigkeit beziehungsweise verantwortliches Investieren spezialisiert sind. Dazu gehören etwa ISS-ESG oder Sustainalytics. Der in Abbildung 6 dargestellte beispielhafte Katalog von Ober-Kriterien von ISS-ESG enthält etwa im Bereich Umwelt unter anderen die Faktoren Klimastrategie, Umweltmanagement und Öko-Effizienz.

Gute »ESG-Scores« dienen als Orientierung bei der Frage nach der Nachhaltigkeit von Unternehmen oder auch Finanzprodukten. Ob damit der Beweis für eine echte Nachhaltigkeit erbracht ist, darüber streiten auch Experten. ESG ist aber ein wichtiger Schritt auf dem Weg zur Auswahl der »richtigen« Aktie und des »richtigen« Finanzprodukts.

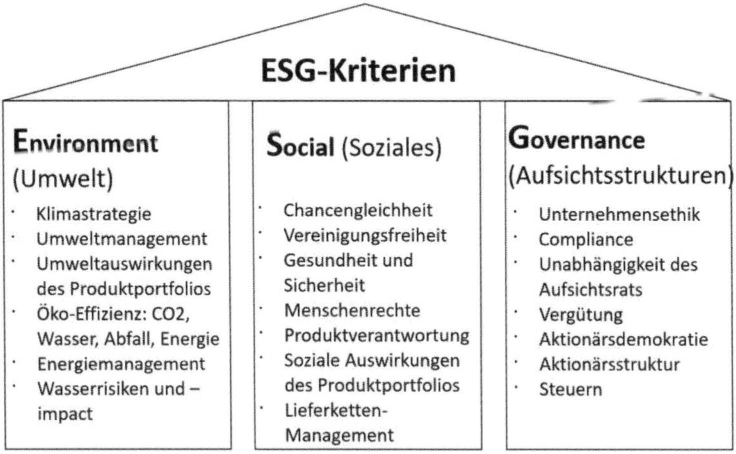

Abbildung 6: ESG-Kriterien für Unternehmen, Quelle: ISS-ESG, eigene Darstellung

2.2.1 SRI – Nachhaltig, oder nur »verantwortlich«?

Das Kürzel SRI begegnet vielen Anlegern auf der Suche nach nachhaltigen Geldanlagen des Öfteren. Die Abkürzung steht für »Socially Responsible Investment«, also gesellschaftlich verantwortliches Investment. Fonds, Aktien- und Rentenindizes, die oft unter den Begriff nachhaltig subsummiert werden, sind oftmals mit einem SRI-Label versehen.

Tatsächlich umfassen SRI-Anlagen sowohl »streng« ausgewählte Produkte, bei denen teils mehrere hundert Einzel-Kriterien geprüft werden. Zum anderen gelten Produkte aber auch schon dann als »verantwortlich«, wenn lediglich einige Ausschluss-Kriterien angewandt werden, wenn also beispielsweise in einem Index Rüstungsaktien ausgeschlossen werden oder Staaten mit hohen Werten in Sachen Korruption aus dem Portfolio ausgeschlossen werden.

Das Forum Nachhaltige Geldanlagen (FNG), der deutsche Fachverband, hat daher in seinen Jahresberichten seit dem Jahr 2018 eine entsprechende Differenzierung vorgenommen.

Für das FNG gilt seitdem:

> »Nachhaltige Geldanlagen ist die allgemeine Bezeichnung für nachhaltige Produkte und Anlagevehikel, die ökologische, soziale und Governance-bezogene Aspekte (ESG-Kriterien) explizit in ihren Anlagebedingungen berücksichtigen. Es beinhaltet eine explizite schriftlich formulierte Anlagepolitik zur Nutzung von ESG-Kriterien.«[12]

Davon abgegrenzt sind:

> »Verantwortliche Investoren und Asset Manager gestalten ihre Investmentprozesse unter angemessener Berücksichtigung von ökologischen, sozialen und Governance-bezogenen Aspekten (ESG-Kriterien) und wenden entsprechende Anlagestrategien an. Sie richten sich dabei nach öffentlichen Stan-

dards und Prinzipien, halten ihre Strategie zum verantwortlichen Investieren schriftlich fest und informieren über ihre Aktivitäten, Anlagestrategien und ESG-Grundsätze.«[13]

Im strengen nachhaltigen Sinne sind die Kriterien nach der Definition des Forums also fest auf der Produktebene (etwa im Fondsprospekt) festgelegt. Dagegen besteht im Fall der verantwortlichen Investments eher ein Bekenntnis des Anbieters zu Nachhaltigkeits-Kriterien. Auch diese Unterscheidung hilft bei der Einschätzung aktueller Produkte.

2.2.2 Frankfurt-Hohenheimer Leitfaden

Wie fein ein Kriterienkatalog für nachhaltige Geldanlage gegliedert werden kann, zeigt der Frankfurt-Hohenheimer Leitfaden, der bereits 1997 vorgestellt wurde. Er ist das Produkt der Zusammenarbeit der Goethe-Universität in Frankfurt und der Universität Hohenheim in Stuttgart unter der Leitung des Sozialethikers Johannes Hoffmann.

Mehr als 800 einzelne Bewertungs-Kriterien für Unternehmen enthält der Leitfaden, den es in der aktuellen Fassung von 2009 gibt. Eine Reihe von Rating-Agenturen und Fondsgesellschaften nutzt ihn bei der Auswahl und der Bewertung von Aktien.

Die drei »Wertbäume« des Leitfadens sind »Kulturverträglichkeit«, »Sozialverträglichkeit« und »Naturverträglichkeit«. Die Äste dieser Bäume bilden dann diverse Einzel-Kriterien, die der Leitfaden sehr detailliert beschreibt. Im Bereich Emissionen, die im Unternehmen entstehen, wird etwa abgefragt:

> »Art der Emission / Umweltnoxen (schädlich, aber nicht giftig) / Umwelttoxische Emissionen / Schwermetalle (Art und Menge) / Kanzerogene Stoffe (Art und Menge) / Mutagene Stoffe (Art und Menge) / Embryopathische Stoffe (Art und Menge) / Allergene (Art und Menge) / Dioxine und Furane (Art und Menge) / Wirkung auf die Ozonkonzentration / Abbau des stratosphäri-

schen Ozons (z. B. FCKW) / Erhöhung bodennaher Ozonkonzentration (Sommersmog) / Klima- beziehungsweise Treibhausrelevante Emissionen (Art und Menge) / CO_2 (Menge) / CO_2-Äquivalente > 1«

Für Privatanleger kann das Kriterien-Universum des Leitfadens ein Rat- und Hinweisgeber dafür sein, wie Nachhaltigkeit konkret gemessen werden kann. Bei der Lektüre von Nachhaltigkeits-Berichten von Unternehmen können die Kriterienkataloge beispielsweise zum Vergleich herangezogen werden.[14]

2.3. Vor der Kür zur Pflicht: Berichterstattung zur Nachhaltigkeit

Quartals- und Jahresberichte, Ad-hoc- und Pressemitteilungen: Viele, insbesondere börsennotierte Unternehmen stehen im ständigen Dialog mit der Öffentlichkeit, wenn es um finanzielle Kennzahlen, geschäftliche Rück- und Ausblicke, Produktneuerungen oder auch Personalien im Vorstand oder Aufsichtsrat geht.

Die Berichterstattung zur Nachhaltigkeit, also die Information der Öffentlichkeit über sogenannte »nicht-finanzielle« Kennzahlen, wurde bislang sehr unterschiedlich gehandhabt. Bis 2017 waren Nachhaltigkeits-Berichte ein »Nice-to-have«, ein Zusatz zum Geschäftsbericht oder sie wurden schlicht in diesen integriert.

Das hat sich auf EU-Ebene seitdem geändert. Die CSR-Richtlinie (Corporate Social Responsibility) der Europäischen Gemeinschaft verpflichtet nun größere börsennotierte Unternehmen zur Erstellung eines Nachhaltigkeits-Berichts. Er muss Angaben zu Umweltaspekten, sozialen und Arbeitnehmerfragen enthalten. Auch Themen wie Menschenrechte oder Korruption müssen darin behandelt werden.

Das Regelwerk zu den Berichten liefert der GRI-Standard (Global Reporting Initiative). Dieser wurde bereits zur Jahrtausendwende entwickelt. Die GRI arbeitet weltweit mit Unternehmen und verschiedenen Menschenrechts- und Umweltorganisationen zusammen. Die jeweils neueste Fassung des Standards wird vom Global Sustainability Standards Board zur Verfügung gestellt, das seinen Sitz in Amsterdam hat.

In der aktuellen Version müssen die Unternehmen Angaben zu 18 ökonomischen, 35 ökologischen und 40 sozialen Indikatoren machen.[15] Bislang ist der Berichtsstandard, der genutzt wird, aber noch Sache der Unternehmen selbst. Während nach einer aktuellen Studie die Mehrheit der Dax-Konzerne die GRI-Standards nutzt, tun dies kleinere Unternehmen aus MDax oder SDax nur zum Teil. Sie scheuen schlichtweg die Kosten und den Aufwand einer detaillierten Berichterstattung zum Thema Nachhaltigkeit.

Selbst innerhalb der Berichte nach GRI-Standard gibt es kreative Spielräume, ähnlich wie in der finanziellen Berichterstattung. Durch unklare, schwammige oder abstrakte Formulierungen lassen sich die wahren Umstände geschickt verschleiern.

Für Leser der Berichte, ob Fondsmanager, Rating-Agentur oder auch Privatanleger, fehlt es damit noch an einer durchgängigen Vergleichbarkeit. Sie vermissen noch zu oft klare Aussagen, die Aufschluss über die wahre nachhaltige Ausrichtung eines Unternehmens geben.

simplified

3. Auswahlstrategien für die nachhaltige Geldanlage

Die Möglichkeiten für den Privatanleger sind auch im Bereich der nachhaltigen Investments in den vergangenen Jahren stark gewachsen. Immer mehr Fondsanbieter stellen Teile ihres Produktangebots um und berücksichtigen Nachhaltigkeitskriterien. Indexanbieter liefern für die immer populärer werdenden Indexfonds (ETFs) eine Vielzahl von Nachhaltigkeits- oder »Verantwortlichkeits-«Indizes.

Große Investoren wie Vermögensverwalter, Pensionskassen, Stiftungen, kirchliche Organisationen, aber auch riesige Staatsfonds filtern das Universum an geeigneten Anlagemöglichkeiten. Das tun sie mit verschiedenen Auswahltechniken, die auch Privatanleger kennen sollten, wenn sie sich ihrerseits auf die Suche nach interessanten nachhaltigen Finanzprodukten begeben.

3.1. Ausschluss-Kriterien und Positivlisten

Am häufigsten wird eine Auswahl durch den Einsatz von Ausschluss- oder Negativ-Kriterien vorgenommen, umgekehrt gibt es aber auch Listen, die anhand von positiven Merkmalen zusammengestellt werden.

3.1.1 Ausschluss-Kriterien

In vielen Fällen sind Ausschlüsse ein erster Filter, gewissermaßen eine Vorselektion im gesamten Auswahlprozess. Bei einfachen Ausschlussverfahren werden bestimmte Branchen aus der weiteren Investmentsuche ausgeklammert. So gelten vielen Anlegern die Vertreter von Branchen wie Tabak, Rüstung, Glücksspiel oder Pornografie als nicht verantwortbar in einem nach ethischen Gesichtspunkten ausgerichteten Anlagedepot.

Weitere Beispiele sind Branchen wie die der klassischen Versorger, die über Kohle- oder Gaskraftwerke verfügen, die Pharmabranche, in der Tierversuche durchgeführt werden, oder Chemie- und Saatgutfirmen, weil sie Umweltbelastungen verursachen oder genetisch veränderte Pflanzen entwickeln. Stark umstritten bei Index-Anbietern und Fondsgesellschaften, und sogar bei den Regierungen in der EU ist die Frage, ob Atomenergie als nachhaltig einzustufen ist. Ein in Deutschland gebräuchlicher Katalog von Ausschluss-Kriterien ist in Abbildung 7 dargestellt.

Neben reinen Branchen-Ausschlüssen kann die Selektion natürlich auch einzelne Produkte betreffen. Ein Beispiel hierfür könnte ein Ausschluss der Bayer-Aktie nach der Übernahme des US-Saatgutherstellers Monsanto sein. Dessen Unkrautvernichter Roundup steht in dem Ruf, krebserregend zu sein.

1.	Arbeitsrechtsverletzungen	82,9
2.	Korruption und Bestechung	77,7
3.	Menschenrechtsverletzungen	77,3
4.	Umweltzerstörung	75,3
5.	Kohle	72,8
6.	Waffen und Rüstung	68,4
7.	Tabak	52,2
8.	Kernenergie	40,2
9.	Pornografie	39,8
10.	Alkohol	38,7

Abbildung 7: Wichtigste Ausschluss-Kriterien in Deutschland, Quelle: FNG

Ein solches Vorgehen wird auch als »normbasierter Ausschluss« bezeichnet. Ein Unternehmen oder auch ein ganzer Staat (im Fall von Staatsanleihen) wird als mögliches Investment aufgrund eines Verstoßes gegen ethische Normen ausgeschlossen.

Normbasierte Ausschlüsse kann es auf Unternehmensebene auch wegen der Diskriminierung von Frauen, wegen Kinderarbeit oder wegen gesundheitsschädlicher Produktionsbedingungen geben. Formal ist oft ein fehlendes Bekenntnis zu den Kernarbeitsnormen der Internationalen Arbeitsorganisation der UN (ILO) ein Grund für einen Ausschluss.

Auf der Ebene eines ganzen Staates können Menschenrechtsverstöße, Korruption oder die Benachteiligung ethnischer Minderheiten einen Ausschluss nach sich ziehen. Abbildung 8 zeigt Ausschluss-Kriterien, die bei Staaten häufig Anwendung finden.

Einfache Kriterien, die etwa zum Ausschluss von ein oder zwei Branchen führen oder ein mögliches Investmentziel aufgrund eines Verstoßes gegen Wertenormen ausklammern, führen noch nicht zu einem echten nachhaltigen oder verantwortlichen Investment, meinen Kritiker – sicher nicht zu Unrecht.

Wer Anlageprodukte kritisch unter die Lupe nimmt, sollte daher genau betrachten, welche und wie viele Ausschlüsse bei einem Aktien- oder Anleihefonds wirklich genutzt werden. Auch gilt es zu prüfen, ob sie mit weiteren Auswahlverfahren zur Nachhaltigkeit ergänzt werden.

1.	Korruption	93,0
2.	Diktaturen	47,4
3.	Nichtratifizierung von Umweltkonventionen	42,0
4.	Verstöße gegen Waffensperrverträge	39,9
5.	Todesstrafe	21,7

Abbildung 8: Ausschluss-Kriterien für Staaten, Quelle: FNG

3.1.2 Positivlisten

Beim »Positiv-Screening« wird die Auswahl genau umgekehrt getroffen. Es werden nicht einzelne Branchen, Regionen oder Unternehmen und deren Produkte oder Produktionsverfahren ausgeschlossen. Vielmehr wird bestimmt, welche Anforderungen vorliegen müssen, damit ein Investment als potenziell nachhaltig eingestuft werden kann. So kann schneller ein engerer Auswahlradius gezogen werden.

Beispiele für Positivkriterien für Unternehmen

Geldanlagen sollen unter Berücksichtigung unserer christlichen Werte auch sozialverträglich, ökologisch und generationengerecht erfolgen.

Sozialverträglich

Bevorzugung von Unternehmen, die

- Produkte und Dienstleistungen für benachteiligte Personengruppen anbieten, mit denen deren soziale, wirtschaftliche und politische gleichberechtigte Teilhabe gefördert wird,
- Mitverantwortung für die Arbeitsbedingungen in Zulieferbetrieben weltweit übernehmen und/oder Anti-Diskriminierungsprogramme aufgelegt haben,
- volle und wirksame Teilhabe von Frauen sicherstellen,
- formelle Arbeitsplätze schaffen und/oder die Weiterbildung aller Mitarbeiter fördern,
- Richtlinien zum Mitarbeiterversammlungsrecht, zur Arbeitszeitbelastung und/oder für einen existenzsichernden Lohn formuliert haben.

Ökologisch

Bevorzugung von Unternehmen, die

- sich konkret für die Reduzierung des Rohstoff-, Wasser- und Energieverbrauchs und/oder der Schadstoff- und Abfallemissionen einsetzen,
- die Anwendung erneuerbarer Energiequellen weiterentwickeln und fördern,
- eigene Umweltrichtlinien formuliert und/oder eigene Umwelt- und Abfallmanagement-Systeme implementiert haben,
- zu nachhaltigem Tourismus beitragen, der Arbeitsplätze schafft und/oder die lokale Kultur und lokale Produkte fördert.

Generationengerecht

Bevorzugung von Unternehmen, die

- eine verbesserte Vereinbarkeit von Familie und Beruf ermöglichen und/oder eine Alterssicherung anbieten,
- aktiv in allen Regionen Maßnahmen zur Entwicklung der Infrastruktur, den Bau von Schulen und/oder den Bau von Wasser- und Stromnetzen fördern,
- Produkte mit einem nachhaltigen Lebenszyklus entwickeln und/oder nachhaltige Produktionsmuster umsetzen, z. B. durch den Einsatz von nachhaltig gewonnenen Rohstoffen, durch die biologische Abbaubarkeit von Inhaltsstoffen usw.

Abbildung 9: Positivkriterien für Unternehmen bei der nachhaltigen Geldanlage, (Quelle: EKD)

Hier kann der Fokus auf bestimmte Branchen gelegt werden, in die gezielt investiert werden soll. Es kann bei einer Positiv-Auswahl auch nach Unternehmen gesucht werden, die Umweltaspekte ernst nehmen oder ethische Standards erfüllen. Die besondere Förderung von Mitarbeitern oder auch eine hohe Quote von Frauen in Führungspositionen können ebenfalls Teil eines Positiv-Screenings sein.

Wieder gilt für Staaten als Anlageregion: Wo Menschen- und Arbeitnehmerrechte geachtet, die Umwelt (in vergleichsweise hohem Maße) durch staatliche Auflagen und Gesetze geschützt werden, will man sich als nachhaltiger Investor engagieren.

Positiv-Auswahlverfahren geschehen sehr oft unter Anwendung von ESG-Rankings. Sie lassen einen schnellen Blick auf den »gemessenen« Zustand von Unternehmen oder Staaten zu. Abbildung 9 zeigt beispielhaft die Liste an Positiv-Kriterien, die die Evangelische Kirche Deutschland bei ihren Geldanlagen zugrunde legt.

3.1.3 Themeninvestments

Eng verbunden mit dem Ansatz des Positiv-Screenings ist das Investment in bestimmte, abgegrenzte Anlage-Themen. Das können erneuerbare Energien, der Umweltschutz, die nachhaltige Landwirtschaft oder das ökologische Bauen sein. Noch enger wäre eine Begrenzung auf besondere Teilbereiche wie die Solarenergie und die Wasserwirtschaft.

Themenbezogene Investments werden zumeist über entsprechende Fonds und zum Teil auch über Anlage-Zertifikate ermöglicht.

Bei der Auswahl der einzelnen Unternehmen für ein solches Produkt werden erneut Nachhaltigkeits-Kriterien, in der Regel ein ESG-Katalog, zurate gezogen, um die Spreu vom Weizen zu trennen.

Der mögliche Nachteil solcher Themeninvestments besteht vor allem in einer Verengung des Anlage-Horizonts. Nur eine bestimmte Branche oder ein bestimmter Sektor wird damit abgedeckt. Damit ist die Auswahl der Unternehmen von vornherein begrenzt. Dies zieht die Gefahr nach sich, dass die Aktienkurse in einem engen Korb an

Titeln sich fast im Gleichklang bewegen und daher keine optimale Streuung bieten.

Wenn etwa der gesamte Bereich »Windkraft« in eine Krise geraten ist, wenn sein Wachstum sich verlangsamt oder die Unternehmen sich neu ausrichten müssen, dann sind mutmaßlich alle Aktien oder sonstigen Investments in dieser Branche von einem Kursrückgang betroffen.

Die Zielrichtung von Themeninvestments besteht ausdrücklich darin, bestimmte Branchen und Entwicklungen zu fördern und die Unternehmen entsprechend als Aktionär zu unterstützen.

3.2 »Best in Class« und »Best of Class«

Die Ansätze »Best in Class« und »Best of Class« klingen ähnlich, sind jedoch als Auswahlstrategien keineswegs inhaltsgleich.

3.2.1 Best in Class

Basis des Best-in-Class-Ansatzes sind Unternehmens- und Länderrankings, wie sie Rating-Agenturen und Index-Anbieter ermitteln. Bei dieser Auswahlstrategie werden Unternehmen oder auch Länder herausgefiltert, die in ihrer jeweiligen Branche als die nachhaltigsten oder die verantwortlichsten im Sinne der üblichen Kriterien gelten. Dabei dienen ESG-Daten in aller Regel als Bewertungsbasis. Bei der Unternehmensbewertung geht es zum Beispiel um ein gutes Umweltmanagement, um einen bewusst niedrig gehaltenen Ressourcenverbrauch oder um Weiterbildungsmöglichkeiten für Mitarbeiter.

Ein hoher »Score« in dieser Hinsicht sorgt dafür, dass ein Unternehmen in ein Anlage-Portfolio, einen Nachhaltigkeits-Fonds oder einen Index aufgenommen wird. Dabei ist die Branchen-Zugehörigkeit allerdings irrelevant. Auch ein Ölmulti oder ein Autohersteller können so in einem reinen Best-in-Class-Ansatz als »nachhaltig« eingestuft werden.

Einige Indizes und die zugehörigen Indexfonds stützen ihre gesamte Titelauswahl auf solche Rankings, bei denen die besten Unternehmen der jeweiligen Branche einbezogen werden.

3.2.2 Best of Class

Gewissermaßen als Gegenstück dient das Best-of-Class-Prinzip. Dabei wird von vornherein nur in bestimmte Branchen investiert, die als nachhaltig gelten. Aus diesen vorausgewählten Bereichen werden dann die besten Aktien herausgefiltert. Allerdings unterscheidet ein einfacher Best-of-Class-Ansatz dann innerhalb der nachhaltigen Branchen nicht mehr weiter, etwa nach ESG-Rankings. Stattdessen liegt der Fokus dann auf den finanziellen Kennzahlen der jeweiligen Unternehmen.

In der Praxis vieler Nachhaltigkeits-Auswahlverfahren wird der Best-in-Class-Ansatz erst im zweiten Schritt genutzt. Zuerst wird ein Ausschlussverfahren im Best-of-Class-Sinne durchgeführt. Damit fallen etwa Branchen wie Rüstung, Tabak, Atomenergie oder Öl und Gas aus der weiteren Selektion heraus.

Erst danach wird nach dem Best-in-Class-Prinzip selektiert und gewichtet. So werden schließlich aus den ökologisch, ethisch und sozial vertretbaren Branchen die jeweils nachhaltigsten herausgefiltert.

3.2.3 Cut-off-Rate

Eine Ergänzung zu den Auswahlverfahren »Best in Class« und »Best of Class« stellt der Einsatz eines Schwellenwertes dar, der sich auf Umsatzanteile in nicht-nachhaltigen Bereichen oder Tätigkeiten bezieht. Ein Beispiel dafür ist ein Energieversorger, der stark auf erneuerbare Energien setzt, aber trotzdem noch in der Förderung oder der Verarbeitung von Öl oder Gas tätig ist. Dabei kann festgelegt werden, dass ein Umsatz- oder Gewinnanteil in diesem als nicht nachhaltig eingestuften Bereich einen bestimmten Wert nicht überschreiten darf. Tut er das doch, fällt das betreffende Unternehmen aus der Nachhaltigkeits-Auswahl heraus. Immerhin kann ein Konzern im oben genannten Beispiel den Wandel hin zu erneuerbaren Energien ja durchaus fördern. Dass Investoren seine Aktien oder Anleihen kaufen, kann ihn dabei unterstützen.

Selbstverständlich erfordert ein so differenziertes Vorgehen einen sehr genauen Einblick in die Unternehmensstruktur, die Bilanzen und die Pläne eines Konzerns. Für einen Privatanleger ist das in der Regel kaum zu leisten. Geht ein Fondsmanager so differenziert zu Werke, sollte dies in den Fondsberichten nachzulesen sein. Ein Anleger sollte dafür im genannten Beispiel bereit sein, auch weniger umweltschonende Branchen in seine Investments einzubeziehen.

Unter Rendite-Gesichtspunkten kann sich ein etwas weniger strenger Filter durchaus lohnen, denn in einigen Branchen, die bei einem strengen nachhaltigen Ansatz ausgeschlossen würden, finden sich wachstumsstarke Unternehmen mit hohen Gewinnmargen.

3.3. Impact und Engagement

Verwandt mit themenbezogenen Nachhaltigkeits-Anlagen sind auch die »wirkungsorientierten Anlagen« (Neudeutsch: Impact). Hier geht es dem Investoren darum, gezielt in einzelne Projekte zu investieren und sie zu fördern.

Dies können Investitionen in Umwelt- oder Energieprojekte sein, in Bildungs- oder Gesundheitseinrichtungen. Über Mikrokredite kann der Anleger auch Kleingewerbetreibende oder Landwirte in weniger entwickelten Ländern unterstützen.

Der Ursprung des Begriffs »Impact« wird der Rockefeller-Stiftung zugeschrieben. Neben Kirchen, wohltätigen Stiftungen und großen Mäzenen nutzen auch private Einzelinvestoren seit vielen Jahren bereits die Möglichkeiten, direkten Einfluss auf Unternehmen und Projekte zu nehmen und sie finanziell zu fördern.

Der Effekt solcher Engagements soll möglichst transparent und messbar sein, also eine »Wirkung« im Sinn von einer Veränderung erzielen. Im konkreten Fall kann eine Anlage sogar einen Nachweis über die Wirkung auf eine CO_2-Emission, also den ökologischen Fußabdruck führen. Die »soziale Rendite« steht dabei für die Anleger in der Regel im Mittelpunkt, Kurssteigerungen oder Verzinsungen haben dabei nicht die höchste Priorität.

Impact-Investing entwickelt sich gerade erst, der Markt für Anlageprodukte ist besonders im Fondsbereich noch übersichtlich. Für Privatanleger bieten sich erste reine Impact-Fonds an. Sie sind in der Regel auf die Wirkung in einem speziellen Bereich ausgerichtet, etwa dem Bereich Mobilität oder dem der erneuerbaren Energien. Auch Mikrofinanzfonds sorgen für einen direkten Impact, nämlich bei den Menschen, denen über Kleinstkredite zum Beispiel beim Aufbau ihres Kleingewerbes geholfen wird.

Auch über andere Formen der Geldanlage ist das möglich. Etwa über Direktinvestments in soziale oder umweltbezogene Projekte. Oder durch »grüne« Anleihen (Green Bonds), die auf solche Einzelprojekte zielen. Seit einigen Jahren kann man auch durch die Unterstützung von Projekten über Crowdinvesting-Plattformen einen direkten Impact erzielen. Bei Crowdinvestments handelt es sich aber um unregulierte Geldanlageformen aus dem sogenannten grauen Kapitalmarkt, die nicht eng durch eine Kapitalmarktaufsicht geprüft werden. Entsprechend hoch sind die Risiken für den Anleger und entsprechend moderat sollte ihr Anteil an einem Anlegerdepot sein. Hier ist der aktive Anleger gefragt, der die Projekte, in die er im Impact-Bereich investiert, fortlaufend im Auge behält.

Ganz eng am Unternehmen und sogar an dessen Geschäftspolitik ist der Ansatz des Engagements orientiert. »Engagierte« Investoren stehen mit Unternehmen im direkten Dialog und versuchen auf diese Weise, Einfluss auf die Geschäftspolitik auszuüben.

Was den nachhaltigen Anleger vom »normalen« Investoren unterscheidet, ist wiederum die Zielrichtung des Engagements. Im Vordergrund stehen nachhaltige Zielsetzungen, etwa die Verbesserung der

Umweltbilanz von Unternehmen, die Nutzung erneuerbarer Energien oder die bessere Förderung von Mitarbeitern. Die Gewinnmaximierung hat demgegenüber eher eine nachrangige Bedeutung. Aber die Geschäftsentwicklung von Unternehmen mit einem bewussten nachhaltigen Ansatz steht laut Studien der Geschäftsentwicklung anderer Firmen prinzipiell in nichts nach, Nachhaltigkeit bringt auf lange Sicht eben auch eine Rendite im traditionellen Sinne.

Die Formen eines solchen Engagements sind vielfältig. So kann der Investor sich an Abstimmungen in Hauptversammlungen beteiligen, einzeln oder in Aktionärszusammenschlüssen. Er hat als Anleger auch ein Rederecht auf den jährlichen Versammlungen und kann dort ganz gezielt einzelne Themen aus dem Bereich des Umweltschutzes oder des Umgangs mit Mitarbeitern ansprechen.

Zu Anträgen der Geschäftsleitung kann der kritische Investor auch Gegenanträge stellen oder im Krisenfall sogar versuchen, eine außerordentliche Hauptversammlung einzuberufen.

Außerhalb der Aktionärstreffen bestehen weitere Möglichkeiten, mit dem Unternehmen und seinem Management ins Gespräch zu kommen. Das kann über Einzelgespräche mit Vorstand, Aufsichtsrat oder Arbeitnehmervertretung geschehen, auf Investorentagen oder Analystentreffen, bei denen das Management seine Geschäftsstrategie vorstellt und diskutiert.

Engagement, das kann im Ernstfall auch bedeuten, die Öffentlichkeit einzuschalten, zum Beispiel, um auf Missstände oder verfehlte Geschäftsstrategien hinzuweisen.

Wer in Form eines Aktienpakets größere Anteile an einem Unternehmen hält, kann auch mit dem Verkauf seiner Anteile drohen oder auf eine Vertretung im Kontrollgremium, dem Aufsichtsrat pochen, um dann dort weiter seine Interessen zu vertreten.

Der Effekt des direkten Engagements ist messbar. Wie die Research-Agentur ISS oekom (heute ISS) schon vor einigen Jahren ermittelt hat, sind Anfragen und Gespräche in Sachen Nachhaltigkeit für Unternehmen oft ein entscheidender Impuls, sich mit dem Thema zu befassen. Für einzelne Privatanleger sind die Einflussmöglichkeiten per Engagement naturgemäß eingeschränkt. Zusammenschlüsse über Aktionärsorganisationen mit nachhaltiger Zielrichtung können aber durchaus Einfluss auf die Geschäftspolitik nehmen. Alternativ kann der private Investor auch Fondsgesellschaften und deren Produkte nutzen, die auf Hauptversammlungen mit ganz anderem Gewicht auf Umweltthemen oder soziale Belangen einwirken können.

Bleibt noch die Frage, in welcher Branche oder bei welchen Unternehmen man sich direkt oder über Vertretungen engagieren möchte. Kann dies auch der Chemiekonzern sein, der in der Gentechnik mitmischen will? Oder der Bergbau-Konzern, bei dem schlechte Arbeitsbedingungen herrschen? Diese Entscheidung bleibt jedem selbst überlassen, doch womöglich ist Engagement im Sinne der Nachhaltigkeit hier sogar am wirksamsten.

In der Politik wird die **ESG-Integration** oft als Forderung oder Ziel formuliert, in der Praxis ist sie noch nicht überall angekommen. Dennoch hat die Strategie der ESG-Integration unter den Auswahlstrategien für nachhaltige Geldanlage bei den Fondsmanagern in Deutschland die höchsten Zuwachsraten.

Der Begriff »ESG-Integration« impliziert, ökologische, ethische, soziale und Corporate Goverance-Kriterien beim Auswahlprozess von Unternehmen oder Wertpapieren direkt zu berücksichtigen. ESG-Kriterien, also nicht-finanzielle Faktoren, sollen denselben Stellenwert erhalten, den die klassischen Finanzkennziffern in der Wertpapier-Analyse haben. Sie sollen also etwa im gleichen Maße betrachtet werden wie Umsatz- und Gewinnentwicklung oder das operative Ergebnis eines Unternehmens.

Die Praxis der vergangenen Jahre hat gezeigt, dass die ESG-Integration sich bei der Risikoabschätzung von Aktien oder Anleihen durchaus lohnen kann. Ein schlechtes Umweltmanagement in einem Unternehmen erhöht nun einmal die Wahrscheinlichkeit von Unfällen, Gerichtsprozessen oder Problemen mit staatlichen Umweltbehörden. Dies zu vermeiden, ist auch im Sinne einer klassischen Geldanlage-Strategie. Gleiches gilt etwa für Korruptionsfälle oder schlechte Arbeitsbedingungen in einem Unternehmen. Werden diese nicht-finanziellen Faktoren zusammen mit Finanz-Kennzahlen erhoben, kann die Entscheidung für oder gegen den Kauf einer Aktie anders ausfallen. Zugleich können Vermögensverwalter, Versicherer, Pensionskassen oder andere Großinvestoren bestehende Risiken besser einschätzen.

ESG-Kriterien zu berücksichtigen ist daher für viele institutionelle Investoren längst nicht mehr eine Kür, die ihnen ein gutes Gewissen bereitet oder die Produktvermarktung erleichtert, sondern ein sinnvoller Bestandteil des Auswahlprozesses. Gleiches gilt natürlich auch für Privatanleger, wenn sie denn die Möglichkeit haben, entsprechende Daten und Rankings zu den jeweiligen Unternehmen zu nutzen.

Der Aktionsplan für Nachhaltigkeit bei Finanzanlagen in der Europäischen Gemeinschaft hat zum Ziel, die Qualität dieser ESG-Integration zu vereinheitlichen und Standards dafür zu entwickeln.[16]

Die Einbeziehung der Nachhaltigkeits-Kriterien soll damit nicht nur bei Fondsprodukten, sondern bei allen »treuhänderischen Investmentprozessen« verwirklicht werden. Wie das vonstattengehen soll, ist in Abbildung 10 dargestellt.

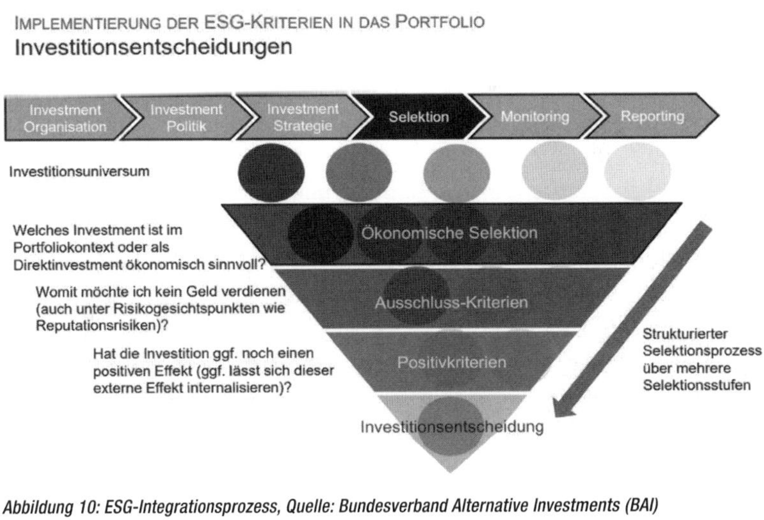

Abbildung 10: ESG-Integrationsprozess, Quelle: Bundesverband Alternative Investments (BAI)

3.4. Die Mischung macht's: Nachhaltigkeits-Strategien in der Kombination

Die verschiedenen Auswahlstrategien nachhaltiger oder verantwortlicher Anlagemöglichkeiten werden in der Praxis oft miteinander verbunden. Über ihre Verteilung gibt Abbildung 11 Auskunft.

Viele Fondsmanager geben sich nicht mit reinen Ausschluss-Verfahren zufrieden. So folgt auf einen Ausschluss bestimmter Branchen oft ein Filter, der als Best-in-Class-Ansatz geeignete Unternehmen aus dem verbliebenen Anlage-Universum aussortieren soll.

Einem Ausschluss kann auch die Verpflichtung auf die UN-Nachhaltigkeits-Ziele (SDG) noch vorgeschaltet sein, was gewissermaßen einem ersten Positiv-Screening entspricht. Dabei werden nur solche Unternehmen überhaupt in die engere Wahl gezogen, deren Produkte oder Dienstleistungen dazu beitragen, eines der UN-Nachhaltigkeits-Ziele zu erreichen. Die Anwendung von ESG-Kriterien wird sich bei den professionellen Portfolio-Managern immer weiter verbreiten, ob vor oder nach einem Positiv- oder Ausschluss-Verfahren. Jeder Portfolio-Manager und jedes Research-Team in einer Bank oder Fondsgesellschaft interpretiert dabei die von spezialisierten Datenlieferanten gekauften ESG-Daten allerdings anders.

Bei Impact-Ansätzen geht es den Investoren mehr um die gezielte Unterstützung bestimmter Unternehmen mit interessanten Technologien oder Produkten, die nachhaltigen Zielen dienen. Dabei werden aber die einschlägigen Nachhaltigkeits-Kriterien bei den betreffenden Unternehmen trotzdem überprüft.

Eher punktuell und gezielt wird auch bei Engagement-Ansätzen in einzelne Unternehmen investiert. Ähnlich wie bei der Impact-Strategie werden in der Praxis des Fondsmanagements verschiedene Auswahlfilter kombiniert. Das Unternehmen, auf das Einfluss genommen werden soll, ist in der Regel unter finanziellen Gesichtspunkten attraktiv, es hapert aber vielleicht am Umgang mit Umwelt, Energie oder Mitarbeitern.

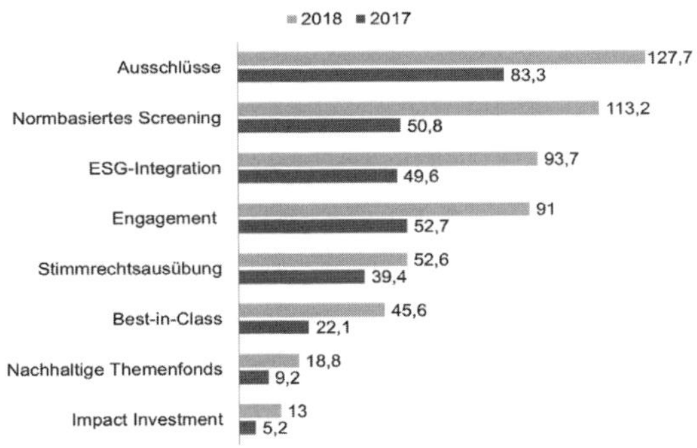

Abbildung 11: Nachhaltige Anlagestrategien in Deutschland, Quelle: FNG

Wer sich als Privatanleger über die Auswahlstrategie informieren will, die bei Fondsprodukten angewendet wird, muss ins Kleingedruckte schauen. In den Fondsprospekten und -berichten geben die Gesellschaften idealerweise Aufschluss darüber, welche Auswahlmethode sie nutzen. Entscheidungen für oder gegen eine Aktie oder Anleihe sollten dort begründet werden und nachvollziehbar sein.

Bei Direktinvestments etwa in Projekte wie Solar- oder Windparks sollte der »Impact« ebenfalls in den Verkaufsunterlagen beschrieben sein. Diese Art von Geldanlage muss allerdings deutlich genauer beobachtet werden als ein Anteil an einem offenen Investmentfonds oder die Aktie eines nachhaltig wirtschaftenden Unternehmens im Wertpapier-Depot. Denn die Risiken, dass ein solches Projekt scheitert, sind erheblich größer. Schwer nachvollziehbar ist für den Anleger, wie ESG-Kriterien bei den Investment-Profis konkret in die Wertpapier-Analyse einfließen. Hier muss er ebenfalls aus dem Ergebnis – der Zusammensetzung eines Fonds-Portfolios etwa – seine Rückschlüsse ziehen.

Nicht zuletzt sollte neben der passenden Nachhaltigkeits-Strategie auch der allgemeine Anlage-Stil einer Fondsgesellschaft oder eines Vermögensverwalters zum Anleger passen. Setzt dieser eher auf Value-Aktien mit niedriger Bewertung oder bevorzugt er wachstumsstarke Highflyer an der Börse? Diese sind zwar tendenziell hoch bewertet und riskant, aber vielleicht auch renditeträchtiger. Zu einem nachhaltigen Investment passt in jedem Fall ein langfristiger Anlage-Horizont mit soliden, gut geführten Unternehmen im Portfolio.

Interview: Claudia Müller: »Die Nachhaltigkeits-Strategie muss individuell passen.«

Investieren in nachhaltige Finanzprodukte ist nicht riskanter und genauso rentabel wie konventionelle Geldanlagen, sagt Claudia Müller vom Female Finance Forum.

Sehen wir derzeit nur eine neue Welle in Sachen Nachhaltigkeit oder gibt es eine grundlegende Veränderung in der Gesellschaft?

Claudia Müller: Natürlich sehen wir derzeit so etwas wie eine Welle, durch die neue Umweltbewegung ist der Begriff in aller Munde, aber in Wirklichkeit ist Nachhaltigkeit eine Notwendigkeit, die wir nur jetzt relativ spät als solche wahrnehmen. Und jetzt bewegen wir uns endlich in diese Richtung.

Wie funktioniert denn nachhaltiges Investieren grundsätzlich?

Claudia Müller: Im Prinzip gelten hierfür die gleichen Spielregeln wie für normales Investieren. Zunächst muss man als Anleger seine eigene Situation analysieren. Wie ist mein Zeithorizont, welche Rendite erwarte ich? Und welche Risiken bin ich bereit, dafür einzugehen? Danach schaue ich, welche Möglichkeiten des Investierens es gibt. Zu den drei Dimensionen der Geldanlage – Risiko, Rendite und Liquidität – kommt nun noch die Nachhaltigkeit als vierte Dimension hinzu.

Welche Herangehensweise empfiehlt sich, wenn ich als Anleger konkret in nachhaltige Finanzprodukte investieren will?

Claudia Müller: Zunächst sollte sich der Anleger darüber Klarheit verschaffen, welche Themen ihn überhaupt im Sinne von Nachhaltigkeit interessieren. Als Orientierung dabei können die ESG-Kriterien dienen. Sie stehen für ökologische Nachhaltigkeit, soziale Nachhaltigkeit und Nachhaltigkeit im Sinne einer guten Unternehmensführung. Über sogenannte Ausschluss-Kriterien kann man zudem definieren, in welche Branchen man auf keinen Fall investieren möchte, also etwa Tabak oder Atomkraft. Das ist ein bisschen wie die Frage beim Konsumenten: Möchte ich auf Flugreisen oder auf hohen Fleischkonsum verzichten?

Sind einzelne Aktien, die bestimmte Nachhaltigkeits-Kriterien erfüllen, ein sinnvolles Investment für Privatanleger oder sollten diese lieber auf Aktienfonds setzen?

Claudia Müller: Ich muss mir dabei in jedem Fall überlegen, ob eine solche Strategie für mich in puncto Risiko passt. Denn mit einigen wenigen Einzelaktien ist es schwierig, die notwendige Risikostreuung zu erreichen. Diese erreiche ich deutlich leichter durch Investitionen in einen Fonds. Wenn ich nicht den Fonds selbst kaufen will, kann ich mir hier aber einzelne Wertpapiere herauspicken. Ich sollte dabei aber das Risiko nicht aus den Augen verlieren. Im Bereich der nachhaltigen Fonds gibt es bewährte Standards, die schon eine Weile am Markt vertreten sind. Das sind zum Beispiel nachhaltige Aktienfonds, die von nachhaltigen Banken angeboten werden.

Nachhaltige Fonds werden auch von Banken und Fondsgesellschaften angeboten, die selbst nicht als besonders nachhaltig gelten. Kann man dennoch zu deren Produkten greifen?

Claudia Müller: Das ist eine persönliche Frage. Im Zweifel ist ein nachhaltiger Fonds von einer Bank, die selbst nicht als Muster in Sachen Nachhaltigkeit gilt, immer noch besser als ein »normales« Fondsprodukt dieser Bank. Das ist wieder ein bisschen wie das Bioprodukt, das ja durchaus auch beim Discounter verkauft wird und selbst gute Werte haben kann.

Neben Finanzprodukten kann man als Anleger auch in Solar- oder Windparks oder auch in neu gepflanzte Bäume investieren. Sind solche Direktinvestments aus Ihrer Sicht eine Alternative?

Claudia Müller: Grundsätzlich sollte man sich vor Augen halten, dass etwas, nur weil es als nachhaltig angepriesen wird, nicht mit weniger Risiken behaftet ist. Wenn ich all mein Geld in einen Wald stecke, bedeutet ein Unwetter natürlich das Risiko eines Totalverlustes. Man sollte sich hier Anbieter und Chance-Risiko-Verhältnis vorher genau anschauen.

simplified

4. Die perfekte Welle: Der Markt für nachhaltige Geldanlagen

Große Dinge beginnen stets klein, diese Binsenweisheit gilt auch für nachhaltige Finanzanlagen. Der Zuwachs an Geldmitteln, die in Euro, Dollar, Yen und Yuan in diesen Sektor fließen, schwillt immer stärker an.

Abbildung 12 zeigt: Auf 30,7 Billionen US-Dollar beläuft sich die Summe der Mittel, die Ende 2018 weltweit in verantwortlichen und nachhaltigen Finanzprodukten steckte beziehungsweise entsprechend solcher Kriterien verwaltet wurde. Bei der ersten solchen Erhebung durch die Global Sustainable Investment Alliance waren es knapp acht Billionen US-Dollar, die Summe hat sich also binnen acht Jahren annähernd vervierfacht.

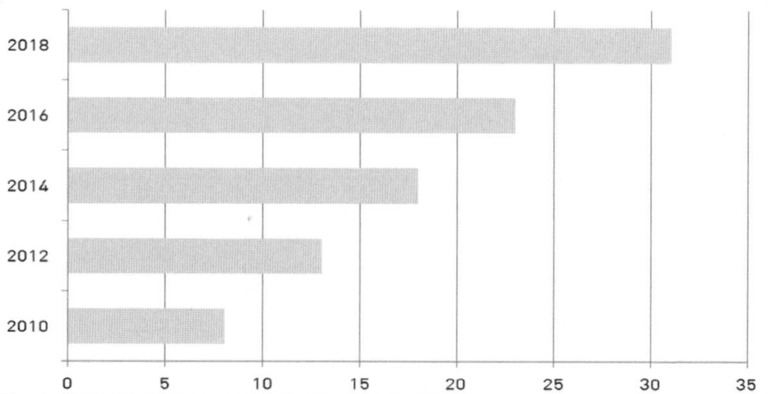

Abbildung 12: Verantwortliche Geldanlagen weltweit, Quelle: GSI-Alliance

Auf Europa entfielen dabei 14,1 Billionen US-Dollar. Global wird bereits rund ein Drittel aller Investments unter Einbeziehung von verantwortlichen oder nachhaltigen Kriterien angelegt, Tendenz stark steigend.[17]

Zwei Faktoren erklären die Wachstumsraten: Zum einen ist das Bewusstsein stark gestiegen, ökologische, ethische, soziale und unternehmensbezogene Faktoren zu berücksichtigen, was zu einer entsprechend stärkeren Nachfrage geführt hat und zwar vor allem von Seiten der Profi-Investoren wie Vermögensverwaltungen, Stiftungen, Versicherungen und Staatsfonds. Diese Nachfrage befriedigt die Finanzindustrie mit immer mehr Angeboten.

Zum anderen entfalten die politischen Vorgaben durch die UN, aber auch die EU und nationale Gesetzgeber ihre Wirkung – zunächst langsam, aber inzwischen deutlich beschleunigt.

Die Zahl der Aktienfonds etwa, die ESG-Kriterien berücksichtigen, hat sich bis 2018 auf 1.500 vervielfacht. Die damit verwalteten rund 600 Milliarden Dollar sind noch immer nur zwei Prozent der Gesamtsumme, die in Aktienfonds liegt, aber auch hier weist der Trend stark nach oben.

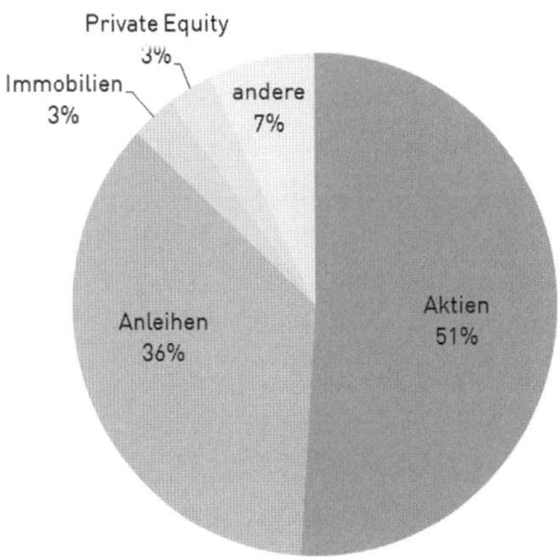

Abbildung 13: Nachhaltige Geldanlagen nach Anlageklassen, Quelle: GSI-Alliance

Auf welche Assets sich die nachhaltigen Geldanlagen global aufteilen, ist in Abbildung 13 dargestellt.

Die Nachfrage nach Anlagen, die nachhaltig oder zumindest »responsible« sind, wird aber auch durch eine weitere Entwicklung angetrieben. Die Infrastruktur der Welt wird in den kommenden Jahren an die Herausforderungen des Klimawandels angepasst werden müssen. Dazu sind gewaltige finanzielle Anstrengungen erforderlich.

Um das weltweite Wirtschaftswachstum in Einklang zu bringen mit den nachhaltigen Entwicklungszielen (SDG) und dem Pariser Klimaabkommen, sind in den kommenden zehn Jahren jährliche Investitionen in Höhe von 6,9 Billionen Dollar erforderlich. Das schätzen die OECD, die Weltbank und die UN in einem gemeinsam Bericht.[18]

Die »Globale Kommission für Anpassung« der Vereinten Nationen geht davon aus, dass allein für die Stärkung der Wirtschaft gegen die Auswirkungen des Klimawandels Investitionen von knapp zwei Billionen Dollar bis 2030 erforderlich sind. Diese Investitionen werden laut UN einen Nettogewinn von rund sieben Billionen Dollar erzeugen. Auf gut Deutsch heißt das: Nachhaltige Investmentprodukte versprechen auch, ein Riesengeschäft zu werden![19]

Zumindest formal bekennen sich die Finanzdienstleister in aller Welt dazu, den Weg, den die UN mit ihren Nachhaltigkeits-Zielen weist, weiter zu beschreiten. Die Zahl der Unterzeichner der »UN Principles for Responsible Investment« UN PRI lag Ende 2019 laut einer Studie der Deutschen Bundesbank bei rund 1.800. Das von den betreffenden Finanzakteuren verwaltete Vermögen schätzt die Bundesbank auf rund 90 Billionen Dollar – das Potenzial für ein Wachstum aus der Nische heraus ist also gewaltig.

4.1. Der Markt in Deutschland

Auch der Markt für verantwortliche und nachhaltige Finanzanlagen in Deutschland ist auf Expansionskurs, das zeigt der Jahresbericht des Forums Nachhaltige Geldanlagen (FNG).

Die Summe der nachhaltigen Anlagen verzeichnete für das Jahr 2018 den größten prozentualen und absoluten Zuwachs seit Beginn der Erhebungen. 219 Milliarden Euro waren in nachhaltige Fonds und Mandate, etwa von Vermögensverwaltern oder Versicherungen, sowie in Einlagen bei nachhaltigen Banken investiert (siehe Abbildung 14). Greift man nur die Fondsprodukte und Mandate (also die Verwaltung von großen Vermögen) heraus, ergibt sich ein Gesamtvolumen von 133,5 Milliarden Euro, gegenüber 92,1 Milliarden Euro ein Jahr zuvor. 2018 waren hierzulande 44,7 Milliarden Euro in nachhaltigen Investmentfonds investiert.

Die Einlagen der Banken mit einer klaren Ausrichtung auf Nachhaltigkeit haben sich um drei Milliarden Euro auf 38,6 Milliarden Euro im Jahr 2018 erhöht.

Binnen zehn Jahren haben sich die Geldmittel, die in ausdrücklich nachhaltigen Produkten verwaltet werden, mehr als verzehnfacht. Ihr Anteil am gesamten verwalteten Vermögen hat dabei einen Rekordwert von 4,5 Prozent erreicht.

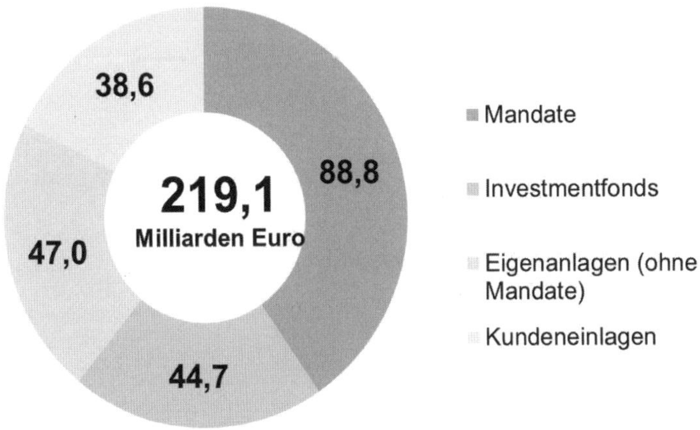

Abbildung 14: Nachhaltige Geldanlagen in Deutschland 2018, Quelle: FNG

Nimmt man die sogenannten verantwortlichen Investments mit hinzu, ergibt sich ein noch deutlich höherer Anteil. Darunter versteht das FNG Anlagen, bei denen sich der Anbieter etwa zu ESG-Kriterien bekennt, diese aber nicht in den Produktprospekten festgelegt hat.

Verantwortlich und nachhaltig angelegte Gelder bilden die Gesamtsumme von 1,53 Billionen Euro. Die durchschnittlichen Wachstumsraten der vergangenen Jahre lassen auf ein schnelles weiteres Ansteigen der Mittel schließen.

Bemerkenswert ist sowohl in Deutschland als auch weltweit: Die Nachfrage nach Investmentmöglichkeiten mit Nachhaltigkeits-Fokus wird vor allem von den institutionellen Investoren angetrieben. 93 Prozent der Anlagen in Deutschland liegen in den Händen von Profis, sprich von Versicherungen, Pensionsfonds, kirchlichen Organisationen oder Stiftungen. Die genaue Zusammensetzung zeigt Abbildung 15. Nur sieben Prozent sind im Besitz von Privatanlegern. Und die Schere geht bislang weiter auseinander: Die Wachstumsrate bei den Assets der Großinvestoren lag in den vergangenen Jahren bei rund 35 Prozent, bei den privaten Investoren nur bei acht Prozent jährlich.

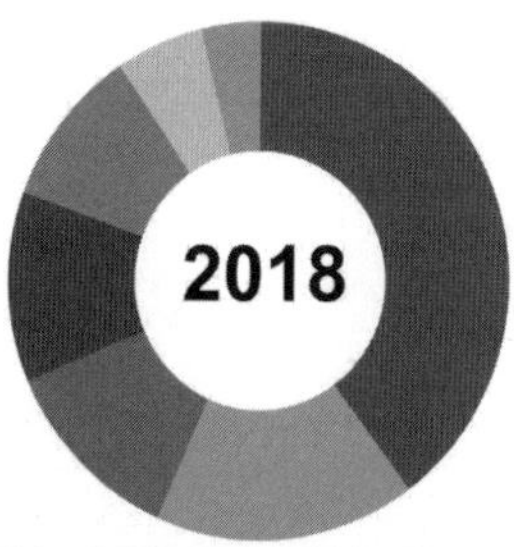

- 40% Kirchliche Institutionen & Wohlfahrtsorganisationen
- 17% Versicherungsunternehmen & Vereine auf Gegenseitigkeit
- 12% Sonstige
- 12% Öffentliche Pensions oder Reservefonds
- 10% Stiftungen

Abbildung 15: Nachhaltige Großanleger, Quelle: FNG

Asset Klasse	Anzahl	Vermögen 2019	Marktanteil	Mittelflüsse 2019	Mittelflüsse 2018
Mischfonds	405	107,069	13%	7,823	4,562
Alternatives	26	3,967	0%	-581	882
Rohstoffe	1	213	0%	-43	164
Wandelanleihen	21	2,880	0%	-54	-31
Aktien	1161	336,612	42%	23,071	23,674
Anleihen	477	142,544	18%	20,780	10,888
Sonstige	73	6,223	1%	815	-338
Immobilien	6	10,253	1%	668	1,422
Summe Langfristfonds	**2170**	**609,761**	**100**	**52,479**	**41,223**
Mittelflüsse und Vermögen in Mio. EUR und per 31.7.2019, Daten ohne Dachfonds, Quelle: Morningstar Direct					

Abbildung 16: ESG-Fonds nach Kategorien, Quelle: Morningstar

Innerhalb der Fonds-Kategorien spielen Aktienfonds noch die Hauptrolle im Hinblick auf nachhaltige und verantwortliche Produkte, wie Abbildung 16 zeigt. Im europäischen Markt verwalten Aktienfonds mit einer Ausrichtung auf die ESG-Kriterien 2019 rund 42 Prozent der Mittel, wie die Rating-Agentur Morningstar ermittelt hat. Rentenfonds kommen auf einen Marktanteil von 18 Prozent. Mischfonds, die in der Regel Aktien und Anleihen, zum Teil aber auch andere Anlageformen wie Rohstoffe enthalten, steuern 13 Prozent Marktanteil bei.[20]

Nachhaltige Immobilienfonds nach den ESG-Regeln kommen bislang in Europa nur auf ein verwaltetes Vermögen von zehn Milliarden Euro, das entspricht einem Marktanteil von einem Prozent.

In der Rubrik »Alternatives« werden derzeit noch die Mikrofinanzfonds subsummiert. In Deutschland erhältlich sind zurzeit nur eine Handvoll solcher Produkte. Die verwalteten Mittel liegen derzeit bei knapp zwei Milliarden Euro.

4.2. Grüne Indexfonds und Green Bonds

Längst stehen nicht nur die aktiv gemanagten Aktien- und Rentenfonds bei Anlegern hoch im Kurs, wenn es um nachhaltige Geldanlage geht. Im europäischen Markt etwa entfiel im Jahr 2019 rund ein

Drittel aller Neuzuflüsse auf Indexfonds, die ESG-Kriterien berücksichtigen. Im Jahr 2018 waren dies rund vier Milliarden Euro.

ETF-Anbieter wie Marktführer iShares, Lyxor oder die DWS-Tochter Xtrackers beliefern den Markt inzwischen mit ETFs, die viele Indizes in einer nachhaltigen oder verantwortlichen Variante abbilden. Dazu gehören Welt-Börsenbarometer wie der MSCI World, aber auch Schwellenländer-Indizes oder Indizes auf einzelne Branchen und Regionen.

Bei ETFs ist wohl noch mehr als bei klassischen Investmentfonds der Blick ins Kleingedruckte wichtig: Wie gehen die Index-Anbieter und die ETF-Emittenten zu Werke, wenn sie nachhaltig sein wollen? Werden lediglich einige Branchen ausgeschlossen? Und wie werden ESG-Kriterien in die Index-Bildung einbezogen?

Ob gebündelt in einem Rentenfonds oder als Einzelinvestment: Anleihen mit Nachhaltigkeits-Zielen verzeichnen seit einigen Jahren ebenfalls stattliche Wachstumsraten.

Im Jahr 2007 belief sich das Anlagevolumen emittierter »Green Bonds« noch auf klägliche 1,5 Milliarden Dollar, im Jahr 2018 war es mehr als das Hundertfache: 167 Milliarden Dollar. Viele Unternehmen, Banken und auch Staaten sind unter den Emittenten für solcherlei Anleihen, mit denen oft konkrete Klima- oder Umweltziele verfolgt werden. Die bundeseigene Kreditanstalt für Wiederaufbau (KfW) ist in Deutschland einer der größten Anbieter von Green Bonds. Und noch im Jahr 2020 will sogar der deutsche Staat erstmals eine grüne Bundesanleihe begeben.[21]

Interview: Ali Masarwah, Morningstar: »Die Unternehmen in Nachhaltigkeits-Fonds sind besser gemanagt.«

Die Investmentwelt wendet sich zunehmend dem Nachhaltigkeits-Gedanken zu, meint Ali Masarwah von der Rating-Agentur Morningstar. Das hat handfeste Gründe, so der Fonds-Experte. Investoren fragen

stärker entsprechende Produkte nach, und in nachhaltigen Fonds steckt weniger Risiko.

Wo wächst der Markt für nachhaltige Fondsprodukte am stärksten?

Ali Masarwah: Bei Anleihefonds ist die Wachstumsdynamik aktuell am höchsten. Hier besteht auch der größte Nachholbedarf bei Investoren. Historisch gesehen sind nachhaltige Fonds »Aktiengeschöpfe«, und das spiegelt sich auch im verwalteten Vermögen wider. Die meisten Gelder in ESG-Fonds stecken noch immer in Aktienfonds. Unabhängig von den Anlageklassen sehen wir derzeit auch eine Aufholbewegung bei nachhaltigen Indexfonds (ETFs) gegenüber aktiv gemanagten Fonds.

Wer ist auf Investorenseite an nachhaltigen Produkten interessiert?

Ali Masarwah: Das sind vor allem die institutionellen Anleger wie Pensionsfonds oder Stiftungen, vor allem aus den Niederlanden oder Skandinavien. Man sieht aber, dass zunehmend der Privatanleger auf das Thema aufmerksam geworden ist, das liegt auch an der zunehmenden öffentlichen Diskussion. Private Anleger fragen das Thema aktiv nach, und das Angebot auf Produktseite wird ebenfalls größer.

Sehen Sie die Gefahr, dass damit auch vermehrt Fonds auf den Markt gebracht werden, die nur das Etikett »nachhaltig« tragen, es aber in Wirklichkeit nicht sind?

Ali Masarwah: Dieses »Greenwashing« gibt es natürlich auch bei Fonds-Emittenten. Die ganze Branche ist sehr marketing- und vertriebsgetrieben. Die Entscheider bemühen sich natürlich, auf diesen Trend aufzuspringen. Allerdings haben sich die Möglichkeiten der Auswahl für die Anleger auch deutlich verbessert, wir können also relativ schnell herausfinden, ob es sich wirklich um Etikettenschwindel handelt, oder ob Kompetenz dahintersteckt.

Wie trennen Sie als Rating-Agentur hier die Spreu vom Weizen in der Fondslandschaft?

Ali Masarwah: Wir bieten seit einigen Jahren ein Fondsrating an, das die Nachhaltigkeits-Eigenschaften von Fonds misst. Wir können die Bestandteile der Fonds analysieren und einschätzen, ob die Unternehmen im Fondsbestand wirklich nachhaltig sind. Wir können auch sehen, wo die Risiken sind, die die Unternehmen aus Nachhaltigkeits-Sicht bergen. Dahinter steht die Vermutung, dass sich eine Verschlechterung der Nachhaltigkeit eines Unternehmens auch auf die Finanzkennzahlen auswirken wird.

Woher kommen die Daten, die sie ja für jedes einzelne Unternehmen erheben und einschätzen müssen?

Ali Masarwah: Das ist uns durch die Zusammenarbeit mit einer der größten Research-Agenturen auf diesem Gebiet, Sustainalytics, möglich. Sustainalytics prüft 70 bis 80 Indikatoren für die Unternehmen ab. Wir aggregieren diese Daten auf der Fondsebene. Ein Investor kann dann schnell sehen, wie »gut« ein Fonds im Sinne der Nachhaltigkeit ist. Professionelle Anleger haben dabei auch die Möglichkeit, verschiedene Einzel-Kriterien abzuprüfen, wie etwa die CO_2-Emissionen der Unternehmen in einem Fonds. Die Nachhaltigkeits-Faktoren können außerdem mit den üblichen Finanzkennzahlen aus unserer Fondsdatenbank abgeglichen werden.

Gibt es einen Zusammenhang zwischen guter Performance und hohen Nachhaltigkeits-Standards bei Unternehmen?

Ali Masarwah: Das wollen Investoren immer als erstes wissen. Es gibt tatsächlich einen gewissen Zusammenhang. Wer aber nur auf die Performance schaut, der jagt oft Ergebnissen der Vergangenheit hinterher. Wenn man aber auf die Eigenschaften von Nachhaltigkeits-Fonds blickt, dann sieht man, dass die Risiken in den Fonds unterdurchschnittlich sind und die Unternehmen von höherer Qualität, also besser gemanagt sind.

Finden Nachhaltigkeits-Kriterien auch deshalb bei Investoren und Emittenten inzwischen mehr Beachtung?

Ali Masarwah: Das ist ganz sicher so. Das Nachhaltigkeits-Research kommt immer mehr in der Mitte der Investmentwelt an und findet zunehmend Anwendungen, zum Beispiel auch, um Risiken zu erkennen und Portfolios entsprechend auszurichten.

4.3. Die Palette nachhaltiger Anlagen wächst

Längst kann man als Privatanleger auch über andere Anlageformen im Bereich Nachhaltigkeit aktiv werden. Direktinvestments in Solar-, Wind- oder Wasserkraft werden inzwischen von vielen Vermittlern angeboten oder auch von den Betreibern der Anlagen zur Erzeugung erneuerbarer Energien selbst vermarktet. Über die Größe dieses Marktsegments liegen keine genauen Statistiken vor, es bewegt sich zum Teil auch im grauen Kapitalmarkt, der aufsichtsrechtlich nicht stark reguliert ist, anders als etwa die Emittenten von Anleihen, die einen Wertpapier-Prospekt nach klaren Regeln veröffentlichen müssen.

Mit Anleihen oder Genussscheinen auf Umwelt-Projekte haben Anleger in den vergangenen Jahren immer wieder Schiffbruch erlitten. Ein spektakulärer Fall war die Pleite des Windpark-Betreibers Prokon. Bis zur Insolvenz des Unternehmens im Jahr 2014 hatten sich rund 75.000 Anleger mit einer Gesamtsumme von 1,4 Milliarden Euro über Genussrechte beteiligt. Ein Gutteil davon ging für immer verloren.[22]

Nachhaltiges Investieren, das geht auch über ganz neue Formen der Geldanlage. So bieten mehrere Online-Vermögensverwaltungen, so genannte Robo-Advisors ihre Dienste auch unter Berücksichtigung von ökologischen, ethischen oder sozialen Gesichtspunkten an. Dabei werden Aktien und Anleihen, zumeist in Form von Fonds in einem kompletten Anlage-Portfolio gemischt. Der Anleger lässt sich dieses Depot auf Basis seiner Vermögensverhältnisse, seiner Risikobereitschaft und seines Anlagehorizontes zusammenstellen. Dafür, und für die Überwachung der einzelnen Fondsprodukte, erhält der »Robo« eine Gebühr.

Nicht zuletzt können sich private Investoren auch per Crowdinvesting an Start-ups und Projekten beteiligen, die zumeist auf Umweltthemen abzielen. Die Palette reicht von der energetischen Immobiliensanierung in Deutschland bis zum sauberen Strom für Familien in Kenia.

Das Angebot an Produkten mit Nachhaltigkeits-Anspruch ist größer denn je und wird in den kommenden Jahren weiter wachsen. Die Finanzindustrie hat die Zeichen der Zeit erkannt und steuert mit viel Kapitaleinsatz und Kreativität in Richtung »grüne« Produkte. Großbanken und Vermögensverwalter wie die Schweizer Credit Suisse starten die ESG-Integration in ihrer Fondspalette. Fondsriesen wie die Deutsche-Bank-Tochter DWS schaffen konzernübergreifende Strukturen, um das Thema Nachhaltigkeit zu verankern. Die US-Fondsgesellschaft Fidelity hat Ende 2019 eigens eine komplette Palette an Nachhaltigkeits-Fonds aufgelegt.

Für den Anleger geht es stets darum, aus der Vielfalt der Möglichkeiten diejenigen Produkte herauszufiltern, die ihre Nachhaltigkeits-Versprechen wirklich halten. Sie sollen neben einem gesunden Verhältnis von Risiko, Rendite und Liquidität auch noch bestmöglich die gewünschten Ziele in ökologischer, sozialer oder unternehmensbezogener Hinsicht ansteuern.

simplified

5. Nachhaltig investieren in der Praxis

5.1. Nachhaltige Banken als Drehscheibe

Wer sich mit einem Fokus auf ökologische, ethische und soziale Aspekte finanziell engagieren will, kann dies über Direktinvestments in verschiedene Projekte ganz individuell und unabhängig von einer Bank oder einem Broker tun. Sobald allerdings Bankprodukte oder Wertpapiere wie Aktien oder Fonds ins Spiel kommen, stellen sich folgende Fragen: Über welches Institut ist dies kostengünstig möglich? Erfüllt die Bank selbst auch den Anspruch auf Nachhaltigkeit? Und wo finden sich wirklich nachhaltige Spar- und Anlageprodukte?

In Deutschland haben Banken mit einem nachhaltigen Ansatz eine jahrzehntelange Tradition. Vor allem kirchliche Institute verfolgen seit jeher eine Geschäftspolitik, bei der ethische und umweltbezogene Standards als Richtschnur dienen.

Daneben haben sich eine Reihe von Banken etabliert, die ebenfalls einen konsequenten Kurs in Sachen Nachhaltigkeits-Standards verfolgen. Mit der höheren Nachfrage nach entsprechenden Anlageprodukten wächst auch deren Kundenbasis stetig an. Wer also nicht nur in Aktien oder andere Wertpapiere investieren will, sondern mit seinen Einlagen oder Sparprodukten auch soziale oder umweltbezogene Projekte unterstützen will, ist hier zunächst richtig aufgehoben. Nicht alle nachhaltigen Geldinstitute bieten allerdings die Möglichkeit, in alle Anlageformen, etwa alle Aktien, Indexfonds oder hausfremde Fonds zu investieren. Unter Umständen muss für solche Anlagen ein weiteres Depot bei einer anderen Bank eröffnet werden.

5.1.1 Kreditvergabe und Anlagepraxis

Im Wesentlichen kann eine Bank auf zwei Arten nachhaltig agieren: zum einen im Kreditgeschäft. Bestimmte Branchen werden dabei komplett von der Kreditvergabe ausgeschlossen. Das kann der Bereich Atomkraft, fossile Energien, industrielle Tierhaltung, Waffen und Rüstung oder Glücksspiel sein. Ethische Ausschluss-Kriterien sind in der Regel Menschenrechtsverletzungen, Verstöße gegen das Arbeitsrecht oder Kinderarbeit.

Die Banken vergeben Kredite hier bewusst in einer Positiv-Auswahl. Sie gehen zum Teil auch selbst auf Unternehmen zu, die sie für förderungswürdig halten, etwa im Bildungsbereich oder bei sozialen Projekten, und unterstützen diese mit Krediten.

Umweltbanken arbeiten mit ihrem Geld genau wie alle anderen Geschäftsbanken: Die Einlagen werden am Aktien-, Anleihen- oder Geldmarkt investiert. Auch diese Eigenanlagen werden bei den Banken mit Nachhaltigkeits-Fokus bewusst getätigt. Diese arbeiten dabei ebenso mit Ausschluss-Kriterien wie Fondsmanager oder Vermögensverwalter. Sie investieren also bewusst in Anlagen, die die Umwelt, soziale Ausrichtung oder Mitarbeiterrechte und Unternehmensführung bei Firmen berücksichtigen.

Idealerweise geben die Institute darüber auch offen und transparent Rechenschaft darüber ab, in welche Richtung die Gelder fließen.

Detaillierte Informationen über Banken, die Ausschluss-Kriterien bei der Kreditvergabe und der Geldanlage anwenden und gezielt in nachhaltige Projekte und Anlagen investieren, sind über mehrere Quellen verfügbar.

Die Zeitschrift »Finanztest« hat in einer breit anlegten Untersuchung von 1.000 öffentlichen und privaten Geschäftsbanken diejenigen Institute herausgefiltert, die diesen Ansprüchen genügen. Ende 2016 waren dies gerade einmal zehn Banken. Die Datenbank wird laufend aktualisiert.[23] Die Verbraucherzentrale Bremen hat 14 Institute aufgelistet, die ihr Geld nach ethischen und sozialen Kriterien investieren. Zwei davon sind allerdings nur für Mitarbeiter kirchlicher Einrichtungen zugänglich. In Einzelporträts werden die Banken mit ihren Ausschluss-Kriterien und Schwerpunkten bei der Kreditvergabe in den Bereichen Umwelt und Klimaschutz sowie Soziales und Bildung aufgelistet.[24] Der »Fair Finance Guide«, ein Bankentest des gleichnamigen Vereins mit Sitz in Berlin, hat ein aktuelles Banken-Ranking erstellt, in dem 14 Banken mit ihrer Nachhaltigkeits-Ausrichtung miteinander verglichen werden (siehe Abbildung 17). Darunter sind nicht nur ökologisch und ethisch ausgerichtete Institute, sondern auch klassische Großbanken wie die Deutsche Bank oder die HypoVereinsbank. Für diese beiden Institute fällt der Vergleich noch immer wenig schmeichelhaft aus. In den Porträts werden etwa die finanziellen Verbindungen zu Rüstungsherstellern oder anderen zweifelhaften Unternehmen ausgelistet.[25]

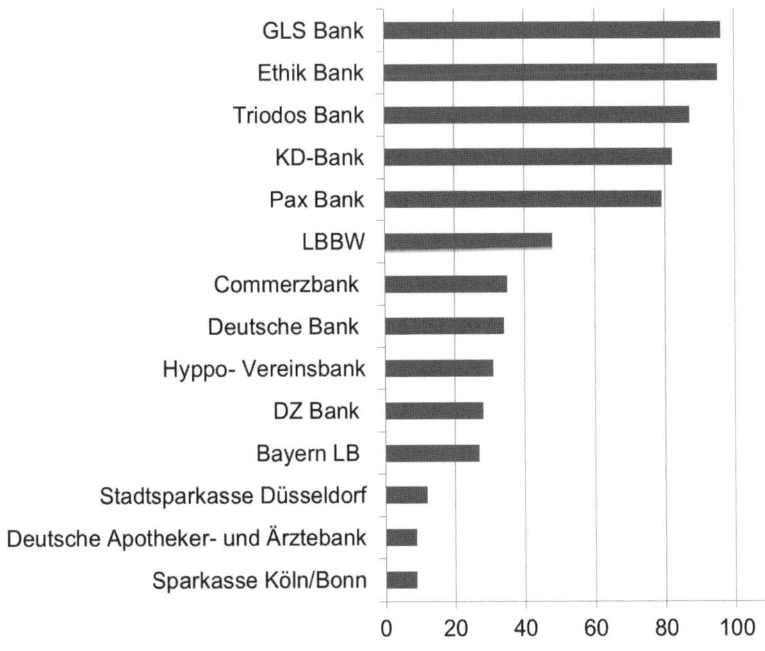

Abbildung 17: Bankenranking im Fair Finance Guide

Die Nichtregierungsorganisation »Facing Finance«, ebenfalls in Berlin, berichtet zudem aktuell über die Engagements von Geschäftsbanken in kritischen Branchen oder aus nachhaltiger Sicht problematischen Unternehmen.[26]

Viele »gewöhnliche« Geschäftsbanken steuern inzwischen bei Kreditvergabe und der eigenen Anlagephilosophie um. Sie beginnen in beiden Geschäftsbereichen mit Ausschluss-Kriterien zu arbeiten und agieren bewusster, was ethische, soziale und ökologische Belange angeht. Als potenzieller Kunde sollte man sich möglichst aktuell einen Überblick über den Stand der Entwicklung verschaffen. Die eigenen Nachhaltigkeits-Berichte der Banken selbst, vor allem aber die unabhängige Berichterstattung über die betreffenden Geldinstitute helfen hier weiter.

Im Folgenden werden vier Banken vorgestellt, die in allen Rankings seit Jahren in puncto Nachhaltigkeit zu den besten und transparentesten gehören. Im Hinblick auf die Sicherheit von Sparguthaben gilt bei allen Instituten die gesetzliche Einlagensicherung von 100.000 Euro pro Bankkunde, zum Teil sind auch höhere Beträge abgesichert.

5.1.2 GLS Bank

Die nach eigenen Angaben erste sozial-ökologische Bank der Welt wurde 1974 vom Anthroposophen Wilhelm Ernst Barkhoff gegründet. Sie finanzierte schon bald den Deutschen Paritätischen Wohlfahrtsverband und vergab Kredite an biologisch-dynamische Landwirtschaftsbetriebe. In den 1980er- und 1990er-Jahren stieg die Bank als Finanzier von Windkraftwerken und Bürger-Energieprojekten ein. Durch die Übernahme der Ökobank, die in finanzielle Schwierigkeiten geraten war, im Jahr 2003 wuchs die Bank schnell weiter. Die GLS gehört dem Bundesverband der Deutschen Volksbanken und Raiffeisenbanken an. Die Zentrale befindet sich in Bochum, Filialen bestehen in München, Hamburg, Frankfurt, Stuttgart, Freiburg und Berlin.

Inzwischen liegt die Bilanzsumme der GLS Bank bei rund sechs Milliarden Euro, Kundeneinlagen erreichen gut fünf Milliarden Euro.

Bei der GLS-Bank ist der Kunde in aller Regel Genossenschafts-Mitglied, von denen es inzwischen mehr als 52.000 gibt. Durch den Erwerb von Mitgliedsanteilen in Höhe von mindestens 500 Euro stellt er der Bank Eigenkapital zur Verfügung. Dafür ist er an einer jährlichen Dividendenausschüttung (zwischen einem und drei Prozent) beteiligt.

Alle üblichen Kontoarten und Bankdienstleistungen sind bei der GLS verfügbar. Das Angebot reicht vom Girokonto über ein Kreditkarten-Konto, ein Wertpapier-Depot bis hin zum Sparbrief. Auch eine Baufinanzierung oder einen Konsumentenkredit kann der »grüne« Bankkunde über die GLS bekommen. Die Bank wendet eine umfangreiche Liste von Ausschluss-Kriterien bei der Kreditvergabe an Unternehmen wie auch bei der Verwendung und Anlage der Geldmittel an. Dazu gehören Waffen und Rüstung, Atomkraft, fossile Brennstoffe oder industrielle Tierhaltung. Der Kunde kann selbst darüber entscheiden, in welchen Bereich seine eigenen Einlagen investiert werden. Zur Auswahl stehen hier etwa Bildung und Kultur, erneuerbare Energien sowie nachhaltiges Wirtschaften.

Bei allen Sparprodukten, vom Tagesgeldkonto bis zum Sparbrief, ist die Verwendung nach den selbstgesteckten Kriterien ebenfalls versprochen. Die GLS Bank hat vier eigene Fondsprodukte im Angebot, darunter zwei Aktienfonds, einen Mischfonds und einen Mikrofinanzfonds. Über die GLS Bank können Kunden auch per Riester- oder Rürup, per Lebens- oder Rentenversicherung mit ökologischem und sozialem Anspruch fürs Alter vorsorgen. Partner für die betreffenden Versicherungsprodukte ist dabei die Concordia oeco Lebensversicherungs-AG.

5.1.3 Triodos Bank

Die Bank mit Hauptsitz in den Niederlanden ist die größte ökologisch-sozial ausgerichtete Bank in Europa. Sie ist in sechs europäischen Ländern aktiv und hat rund 700.000 Kunden. Die deutsche Niederlassung der Direktbank befindet sich in Frankfurt am Main. Das Institut wurde 1980 mit einem klaren Ansatz gegründet: »Projekte und Unternehmen zu unterstützen, die langfristige positive Veränderung für Mensch und Umwelt bewirken.« Finanziert werden seitdem Projekte und Initiativen in den Bereichen Umwelt, wie etwa Solar- und Windparks, Bildungseinrichtungen und auch soziales Wohnen, etwa in Alters- oder Pflegeeinrichtungen. Ausgeschlossen von der Kreditvergabe sind alle Unternehmen aus Bereichen wie Rüstung, Atomkraft, fossile Brennstoffe oder auch industrielle Tierhaltung und Glücksspiel. Für Bankkunden bietet die Bank ebenso Giro- und Kreditkartenkonten sowie verschiedene Sparangebote an, bei denen die Mittel ebenfalls für nachhaltige Projekte eingesetzt werden.

Selbst nachhaltig investieren kann der Triodos-Bankkunde in sechs hauseigene Fondsprodukte, für die sogar eine eigene CO_2-Bilanz ausgewiesen wird. Dazu kommen drei weitere Nachhaltigkeits-Fonds von Partnern. Nur diese Fonds können allerdings ins Wertpapier-Depot von Triodos eingebucht werden. Darüber hinaus können Kunden der Triodos-Bank die Crowdinvesting-Plattform Bettervest nutzen, an der Triodos beteiligt ist. Bettervest finanziert Entwicklungsprojekte, zum Großteil mit Schwerpunkt Energieeffizienz überwiegend in Afrika. Dabei werden etwa Haushalte mit Solar-Strom oder energieeffizienten Kochgeräten ausgestattet.

Nicht zuletzt gibt die Triodos-Bank aktienähnliche Anteile heraus, mit der sich der Kunde am Erfolg der Bank selbst beteiligen kann. Die Anteile werden von einer Stiftung verwaltet und verbriefen das Recht auf eine jährliche Dividende. Der Kurs der Anteile ist in den vergangenen Jahren stetig gestiegen.

5.1.4 Ethikbank

Die Ethikbank wurde 2002 als Tochter der Volksbank Eisenberg gegründet. Mit rund 350 Millionen Euro Kundeneinlagen und 71 Mitarbeitern ist die Bank ein eher kleines Institut. Es gehört dem genossenschaftlichen System der Volks- und Raiffeisenbanken an. Die Eigentümer der Bank sind ca. 3.900 Privatpersonen in der thüringischen Gemeinde.

Mit umfangreichen Ausschluss-Kriterien stellt die Bank sicher, dass Kredite nur an nachhaltige Unternehmen vergeben und nur entsprechende Projekte unterstützt werden. Die Schwerpunkte dafür sind die Bereiche Umwelt und Klimaschutz, sowie Initiativen mit sozialen Aspekten sowie im Bildungsbereich. Als »gläserne« Bank gibt die Ethikbank umfangreiche Informationen über vergebene Kredite und Investitionen öffentlich bekannt, bis hin zur einzelnen Sonnenstromanlage, die sie finanziert.

Bei eigenen Aktien- und Anleihe-Investments schlüsselt die Bank ihre Positiv- und Negativ-Kriterien auf, nennt die Research-Quellen, die sie bei der Aktienbewertung nutzt, und beurteilt sogar einzelne Aktien, die auch in den wichtigen deutschen Aktienindizes wie Dax, MDax oder SDax notiert sind.

Die Produkte für Kunden entsprechen denen einer normalen Volksbank: Giro-, Kreditkarten- und Sparkonto gehören dazu, ebenso wie vermögenswirksame Leistungen und Bausparverträge. Auch private Vorsorgeprodukte sind im Angebot. Privatkredite vergibt die Bank ebenfalls und hat einen speziellen Kredit für »Tiny Houses« im Angebot.

Über das Online-Depot sind alle Wertpapiere handelbar. Besonders beworben wird dabei das Angebot der Fondsgesellschaft der Volks- und Raiffeisenbanken, Union Investment. Dabei wird auf den »FairWorldFonds« verwiesen, einen international anlegenden, nachhaltigen Mischfonds aus Aktien und Anleihen.

5.1.5 Umweltbank

Bereits seit 1997 ist die Umweltbank mit Hauptsitz in Nürnberg in Deutschland tätig. Rund 23.000 Umweltprojekte wurden seitdem nach eigenen Angaben finanziert. Die Umweltbank hat derzeit eine

Basis von 114.000 Kunden. Die Bilanzsumme belief sich im Jahr 2018 auf 3,7 Milliarden Euro.

Der Umweltschutz, seit jeher Schwerpunkt der Geschäfte des Unternehmens, ist als Ziel und Aufgabe in der Satzung verankert. Ein Umweltrat überwacht die Kreditvergabe, die nach umfangreichen Ausschluss- und Positiv-Kriterien erfolgt. Umweltfreundliches Bauen und ökologische Landwirtschaft sowie erneuerbare Energien stehen dabei im Mittelpunkt.

Für Kunden gibt es eine Reihe von Spar-, Versicherungs- und Vorsorgeangeboten. Ein Girokonto bietet die Bank allerdings nicht an.

Dafür kann über eine Reihe von Fondsprodukten nachhaltig investiert werden. Auch einen Sparplan können Umweltbank-Kunden abschließen. Anteile von elf Aktien-, Misch- und Rentenfonds können sie auf diese Weise erwerben, darunter befindet sich auch ein Mikrofinanzfonds. Über das Depot der Umweltbank sind zusätzlich eine Reihe von Umweltaktien erhältlich, darunter börsennotierte Wind- Solar- oder Biosprit-Unternehmen. Die Umweltbank-Aktie selbst ist ebenfalls darunter. Die Umweltbank ist die einzige explizit nachhaltige Bank in Deutschland, die börsennotiert ist. Der Kurs der Aktie hat sich in den vergangenen Jahren im Branchenvergleich gut entwickelt, einziger Großaktionär ist die GLS Bank. Viele Kunden der Umweltbank gehören ebenfalls zum Kreis ihrer Aktionäre.

Zur Stärkung der Bilanz hat die Bank zudem eine Reihe von Anleihen und Genussrechten emittiert, die nur den eigenen Kunden zum Kauf angeboten werden.

5.1.6 Großbanken ziehen nach

Die beschriebenen, explizit nachhaltigen Banken bieten den Kunden die höchsten Standards in Sachen Nachhaltigkeit. Sie verwenden eine Vielzahl von Ausschluss-Kriterien, vergeben Kredite ausschließlich in Bereichen, die unter ökologischen, ethischen oder sozialen Gesichtspunkten sinnvoll erscheinen.

Wer als nachhaltiger Investor das Produktangebot dieser Institute nicht als ausreichend betrachtet oder wer bei Anlageprodukten stark auf die Kosten achtet, der kommt in der Praxis meist nicht um einen weiteren Broker herum. Gebühren für Depot und Transaktionen mindern letztlich die Rendite von Anlagen.

Welche Bank oder welcher Online-Broker hierfür infrage kommt, müssen Anleger selbst entscheiden. Die Nachhaltigkeits-Rankings von unabhängigen Organisationen wie dem Fair Finance Guide helfen bei der Auswahl. Über verschiedene Vergleichsplattformen sind aktuelle Kostenvergleiche möglich.

Die Bankenlandschaft wird in den kommenden Jahren immer »grüner« werden und sie wird neue Angebote machen für Kunden, die ihr Geld nachhaltig anlegen wollen. Viele Institute setzen inzwischen nicht nur selbst auf verantwortliche Investmentprodukte, sondern ändern ihre eigenen Kreditvergaberegeln fortlaufend. Sie schließen dabei bestimmte Branchen verstärkt aus.

Die Commerzbank hat nach eigenen Angaben ihre CO_2-Emissionen bis 2018 um 70 Prozent reduziert und ist durch den Kauf von CO_2-Zertifikaten seit 2015 klimaneutral. Andere große Privatbanken sind auf demselben Stand oder auf dem Weg dahin.[27]

Die Deutsche Kreditbank (DKB) wirbt damit, dass alle ihre Fonds und Anleihen sowie ein Großteil des Kreditportfolios nachhaltig seien. Sie bietet eine eigene Crowdinvesting-Plattform an, über die Kunden in Umwelt-Projekte ihrer Wahl investieren können.[28]

Gleichzeitig betreten innovative Neulinge mit Nachhaltigkeits-Fokus den Bankenmarkt. Dazu gehört etwa die Banking-App Tomorrow, die Ende 2018 in Hamburg gestartet wurde. Tomorrow bietet zunächst ein mobiles Girokonto an, will aber in den kommenden Jahren alle Finanzdienstleistungen im Angebot haben. Kundeneinlagen werden ausschließlich in nachhaltige Projekte investiert. Dazu gehören Initiativen aus der ökologischen Landwirtschaft, sowie Start-up-Unternehmen, die ein »Social Business« gründen wollen. Ein Teil der Einlagen fließt zudem in einen Mikrofinanzfonds und einen Green Bond der staatlichen Förderbank KfW.[29]

Interview: Georg Schürmann, Geschäftsleiter Triodos Bank: »Wir legen auch den CO_2-Fußabdruck unserer Kredite offen.«

Auch nachhaltige Banken wollen Geld verdienen, allerdings in einem vernünftigen Rahmen, wie Georg Schürmann von der Triodos Bank erklärt. Als Kreditgeber und Investor will die Bank auch Einfluss auch die Nachhaltigkeit von Unternehmen nehmen.

Was unterscheidet die Triodos Bank von einem normalen Kreditinstitut?

Georg Schürmann: Wir verstehen uns als nachhaltige Bank. Der Unterschied besteht darin, was wir finanzieren, das sind bei uns ausschließlich nachhaltige Projekte. Im Bereich Umwelt sind das Windräder oder Photovoltaik-Anlagen, im sozialen Bereich finanzieren wir Senioreneinrichtungen oder beispielsweise Walldorf-Schulen. Ein weiterer Schwerpunkt sind Immobilien. In Frankfurt etwa haben wir eine Immobilie unterstützt, in der jetzt Studierende und Geflüchtete zusammenleben.

Welche Kunden kommen zu einer Bank wie der Triodos-Bank?

Georg Schürmann: Was all unsere Kunden verbindet, ist das Interesse an nachhaltigem Konsum und einem bewussten Umgang mit Geld. Unser typischer Kunde kauft auch im Bioladen ein, nutzt Ökostrom und fährt vielleicht auch ein Elektro-Auto. Da wir eine Online-Bank sind, gehören die Kunden vor allem der Altersgruppe zwischen 25 und 60 an, der Bildungsstandard ist höher als im Durchschnitt.

Welche Kriterien sind dabei für Sie als Bank wichtig, damit ein Unternehmen oder ein Projekt eine Finanzierung erhält?

Georg Schürmann: In diesem Bereich geht es vor allem um erneuerbare Energien. Bei der Finanzierung eines Windrads schauen wir uns sehr genau die Umweltauflagen an, besonders wenn die Installation nicht auf dem Meer erfolgen soll. Im sozialen Bereich legen wir Wert darauf, eine Einrichtung, also etwa ein Seniorenheim, persönlich in Augenschein zu nehmen. Nur wenn es dort wirklich um den Menschen und nicht nur ums Geldverdienen geht, finanzieren wir eine solche Einrichtung. Alle unsere Kreditnehmer veröffentlichen wir übrigens auf unserer Internetseite. So kann jeder Kunde sehen, wo sein Geld wirkt.

Auch als nachhaltige Bank müssen Sie Gewinne erwirtschaften. Ist das mit dem Fokus auf Nachhaltigkeit leichter oder schwerer?

Georg Schürmann: Darin unterscheiden wir uns nicht stark von einer normalen Bank. Der Aufwand, den wir betreiben, ist im einen oder anderen Fall etwas höher. Dafür denken wir, dass die Risiken, die wir eingehen, geringer sind. Und natürlich wollen wir als Geschäftsbank auch Geld verdienen, das allerdings in einem vernünftigen Rahmen.

Welche Kontenmodelle für Privatkunden bieten Sie an?

Georg Schürmann: Wir bieten neben Girokonten, bei denen bereits weltweite Bankverfügungen im Standardpreis enthalten sind, auch Tagesgeldkonten und Sparprodukte an.

Sind auch diese Produkte nachhaltig?

Georg Schürmann: Mithilfe der Einlagen unserer Kunden auf diesen Konten können wir Kredite vergeben. Durch die Auswahl von ausschließlich sozialen und ökologischen Projekten und Unternehmen bei der Kreditvergabe stellen wir sicher, dass die Gelder unserer Kunden nur in Projekte fließen, die einen positiven Beitrag für Mensch und Umwelt haben.

Sie haben auch eine Reihe nachhaltiger Fonds im Angebot. Wie läuft der Auswahlprozess für Aktien oder Anleihen dabei ab?

Georg Schürmann: Wir möchten bei unseren Fonds ausdrücklich in Unternehmen investieren, die einen positiven Beitrag zu den Nachhaltigkeits-Zielen der UN, den SDGs, haben. Bei diesen Unternehmen nutzen wir dann noch einmal Ausschluss-Kriterien, um sicherzustellen, dass zum Beispiel keine Menschenrechtsverletzungen in den Firmen vorkommen und dass Arbeitsnormen eingehalten werden.

Wie steht es um die Rendite der Fonds, steht diese für Sie nicht im Vordergrund?

Georg Schürmann: Für uns und auch unsere Kunden steht eine langfristige Perspektive im Vordergrund. Und wir stellen immer wieder fest, dass nachhaltige Investments in der Regel auch ein besseres Risiko-Rendite-Verhältnis haben, weil zum Beispiel die Schwankungen geringer sind. Und das ist auch das, was unsere Anleger suchen.

Führen Sie auch selbst Gespräche mit den Unternehmen, in die Sie über die Fonds investieren?

Georg Schürmann: Ja, der Austausch mit den Unternehmen ist für uns wichtig. Wir stellen auch fest, dass Unternehmen durchaus Dinge verändern, auf die wir sie aufmerksam machen. So hat zum Beispiel einmal ein niederländischer Versicherer seine eigene Anlagepolitik geändert, um weiter für uns investierbar zu bleiben. Über diese Gespräche und die Ergebnisse berichten wir in einem Engagement-Report.

Kann ein Anleger die Wirkung, auf Neudeutsch den »Impact« seiner Geldanlage, bei Ihnen auch konkret sehen?

Georg Schürmann: Wir berichten seit 2019 über den CO_2-Fußabdruck der Kredite, die wir in Deutschland vergeben. Gleiches gilt für unsere Investmentfonds: Hier kann der Kunde sehen, dass seine Fonds im Gegensatz zu vielen anderen Produkten fast CO_2-neutral sind.

Sehen Sie die großen Bankhäuser als wachsende Konkurrenz an, die selbst ebenfalls immer mehr Wert auf Nachhaltigkeit bei der Kreditvergabe und ihren Finanzprodukten legen?

Georg Schürmann: Nein. Wir nutzen hier gerne den Vergleich mit den Bioläden. Obwohl es inzwischen auch beim Discounter Bio-Produkte gibt, wachsen die Spezialisten weiterhin deutlich. Davon gehen wir auch bei uns aus und wir sehen diesen Impuls eher als befruchtend für uns an.

5.2 Nachhaltig Sparen in der Nullzins-Ära

Im März 2016 ist der Leitzins der Europäischen Zentralbank (EZB) auf null gesenkt worden – mit weitreichenden Folgen. Die Notenbanker wollten damit die Kreditvergabe der Geschäftsbanken erleichtern, wodurch die Investitionen der Unternehmen angekurbelt werden sollten. Ob damit die gesamte Wirtschaft in der Euro-Zone langfristig stimuliert werden kann, ist umstritten. Experten bezweifeln die Wirksamkeit der geldpolitischen Mittel, zu denen auch noch Anleihen-Käufe durch die EZB und allerlei Maßnahmen im Bankensektor gehören. Sie allesamt haben das Ziel, die Volkswirtschaften und Staatshaushalte der Euro-Länder zu stabilisieren.

Für Geschäftsbanken hatten die ultraniedrigen Zinsen in den vergangenen Jahren schwere Einkommens- und Ergebniseinbußen zur Folge. Für Verbraucher ist der niedrige Zins ein zweischneidiges Schwert.

Häuslebauer können sich seit beinahe einem Jahrzehnt über immer niedrigere Hypothekenzinsen freuen. Konsumentenkredite, etwa für den Kauf eines Autos oder der neuen Einbauküche, sorgen für eine Entlastung des Haushaltskontos.

Dafür gibt es für Spareinlagen bei der Bank praktisch keine Zinsen mehr, das ist bei Banken mit Nachhaltigkeits-Schwerpunkt nicht anders als bei anderen Geschäftsbanken. Inzwischen geben einige Institute den Negativzins, den die EZB für Einlagen der Banken bei ihr verhängt, sogar an die Kundschaft weiter - Guthaben auf dem Giro- oder Sparkonto zu parken, kostet also inzwischen! Das ist ein Novum in der Geschichte des Kreditwesens.

Damit ist eine Parkstation für Geld auf der Bank zum Nullzins beinahe schon eine Errungenschaft, immerhin verliert das Bankguthaben nicht auch noch an Wert. Das gilt allerdings nur nominal. Der Geldbetrag verringert sich bei fehlender Verzinsung zwar nicht, 1.000 Euro bleiben schließlich 1.000 Euro. Real, also nach Berücksichtigung des Kaufkraftverlustes durch die allgemeine Teuerung, muss der normale Sparer derzeit mit einem bis zwei Prozent Verlust pro Jahr rechnen. Die Inflation frisst sein Geld auf dem Bankkonto klammheimlich auf. Wer 10.000 Euro zu null Prozent auf einem Sparbuch oder Tagesgeldkonto zehn Jahre lang bei einer durchschnittlichen Inflationsrate von 2,0 Prozent aufbewahrt, dessen Einlage hat nach diesem Zeitraum nur noch die Kaufkraft von heutigen 8.203 Euro und 48 Cent.

Fatalerweise sparen viele Bundesbürger dennoch genauso weiter, wie sie es seit langem tun: Im Jahr 2019 erreichte die Summe der Einlagen, die zinslos allein auf Girokonten in Deutschland dümpelten, erstmals den Wert von einer Billion Euro.[30]

5.2.1 Tages- und Festgeld mit sozialer Rendite

Wer Sparbücher, Tagesgeldkonten, Festgelder oder Sparbriefe von Banken mit nachhaltigem Ansatz nutzt, hat gegenüber dem normalen Sparer immerhin einen Vorteil: Seine Einlagen werden von den Banken zur Finanzierung von Unternehmen oder Projekten mit ökologischem, sozialem oder ethischem Anspruch eingesetzt: Sie finanzieren den Bau von Altenheimen, die energetische Sanierung von Gebäuden, den Ausbau von erneuerbaren Energien und die Senkung der CO_2-Emissionen in Gemeinden oder Unternehmen.

Diese soziale Rendite spricht also für nachhaltige Parkstationen ohne Zinsen. Diese sollten sich aber entsprechend den finanziellen Verhältnissen des Anlegers und seiner Risikobereitschaft in Grenzen halten.

Eine soziale Rendite kombiniert mit einer finanziellen Rendite ist nämlich mit einer Reihe anderer Geldanlage-Möglichkeiten durchaus erzielbar.

Wer einen Teil seiner flüssigen Mittel auf einem Tages- oder Festgeldkonto parken will, findet bei fast allen Banken mit Nachhaltigkeits-Ansatz eine Reihe interessanter, wenn auch in der Regel spärlich verzinster Sparangebote.

5.2.2 Projektsparbriefe und Bürgersparen

Bei der GLS-Bank etwa kann man bereits bei der Kontoeröffnung bestimmen, in welchen Bereichen die eigene Einlage von der Bank investiert und per Kredit vergeben werden soll. Zur Auswahl stehen hier etwa die Themen erneuerbare Energien, Ernährung oder Wohnen.

Die GLS bietet außerdem Projektsparbriefe an, bei denen ganz konkrete Vorhaben finanziert werden. Beispiele sind Kredite an ehemals Obdachlose in der Wiedereingliederung, die Unterstützung eines Nachwuchsorchesters oder eine internationale Initiative zur Verbesserung der Trinkwasserqualität von Seen.

Bei der Triodos Bank wird zum »Bürgersparen« aufgerufen. Dahinter verbirgt sich ein Sparprodukt, bei dem Initiativen aus der eigenen Region finanziell unterstützt werden.

Bei Tages- und Festgeldzinsen können zwei weitere nachhaltige Banken gut mit dem Markt mithalten: Die ProCredit Bank und die KT Bank. Die ProCredit Bank mit Sitz in Frankfurt am Main ist spezialisiert auf die Beratung von Finanzinstituten in Entwicklungs- und Schwellenländern und finanziert vor allem Unternehmen in Südost- und Osteuropa sowie in Südamerika. Die Bank hat umfangreiche ökologisch und ethische Ausschluss-Kriterien für ihre Geschäfte eingeführt.

Die KT Bank ist ein 2015 gegründetes deutsches Institut, eine Tochtergesellschaft der türkischen Kuveyt Türk Beteiligungsbank. Die Bank arbeitet nur mit Unternehmen und Institutionen zusammen, die den ethischen Grundsätzen der Scharia entsprechen. Bei den Festgeldern der Bank gibt es daher auch keinen Zins, sondern eine feste Rendite je nach Laufzeit.

Wie bei allen deutschen Banken sind die Einlagen auch hier durch die gesetzliche Einlagensicherung bis 100.000 Euro abgesichert.

Alle nachhaltig einstellten Banken haben klassische Sparbücher, Festgelder und Sparbriefe im Angebot. Zum Teil werden auch Stufenzins-Produkte offeriert, bei denen in den ersten Jahren gar keine oder nur äußerst geringe Zinsen gezahlt werden. Für Sparer haben diese Produkte in der derzeitigen Zinsdürre allerdings gleich zwei Nachteile: Die Zinsen sind auch nach mehreren Jahren weiter unter dem Inflationsniveau angesiedelt. Zudem geht durch die Festlegung der Gelder über mehrere Jahre dem Sparer der einzige Sinn von Kontoguthaben verloren: die jederzeitige Verfügbarkeit. Geld längerfristig auf diese Weise anzulegen, ist in Zeiten von Nullzinsen wenig sinnvoll.

Über das aktuelle Zinsniveau bei Tages- und Festgeld informieren Internetplattformen zuverlässig. Bei tagesgeldvergleich.net etwa werden auch die Angebote nachhaltiger und ethischer Banken separat aufgelistet. Auch die Verbraucherzentralen und die Zeitschrift »Finanztest«, die von der Stiftung Warentest publiziert wird, geben in unregelmäßigen Abständen Übersichten über nachhaltige Sparangebote heraus.[31]

Gerade bei Mini-Zinsen sollte der Blick ins Kleingedruckte bei den Sparprodukten und Konten nicht fehlen. Wer fünf Euro monatlich extra für ein Tagesgeldkonto berappen muss, sollte sich nach Alternativen umschauen.

Die Zugehörigkeit zum deutschen Einlagensicherungssystem sollte Standard sein. Hier ist die Summe von 100.000 Euro pro Konto gesetzlich abgesichert. Wer mehr kurzfristig parken will, sollte mehrere Konten bei verschiedenen Banken nutzen.

5.3 Green Bonds und Nachhaltigkeits-Anleihen

Die Nachfrage nach Finanzprodukten, die nachhaltige Kriterien erfüllen, hat den Markt für festverzinsliche Wertpapiere in den vergangenen Jahren stark verändert. Die Kombination aus politischen Vorgaben in Sachen Klimaschutz und CO_2-Reduktion, aus dem Anlageinteresse vieler Großanleger und dem Profitinteresse der Finanzmarktakteure haben den Markt für »Green Bonds« anschwellen lassen.

»Green Bonds«, zu Deutsch »grüne Anleihen«, sind Anleihen von Staaten oder Unternehmen. Es handelt sich rechtlich – wie bei gewöhnlichen Anleihen – um Schuldverschreibungen eines Unternehmens oder eines Landes, das sie ausgibt. Wie bei Staats- oder Unternehmensanleihen wird mithilfe dieser Papiere Geld bei den Investoren beschafft. Diese erhalten als Gegenleistung für ihr Investment einen Zins und am Ende der zumeist mehrjährigen Laufzeit auch das eingesetzte Kapital zurückgezahlt.

Die Höhe der gezahlten Zinsen hängt neben dem allgemeinen Marktniveau von der Zahlungsfähigkeit des Emittenten, der sogenannten Bonität, ab. Je höher diese eingestuft wird, desto niedriger der Zins. Denn bei hoher Bonität besteht ein entsprechend niedriges Ausfallrisiko der Anleihe. Die Wahrscheinlichkeit, dass ein Land oder Unternehmen mit hoher Bonität zahlungsunfähig wird, ist niedrig.

5.3.1 Staatliche und halbstaatliche grüne Anleihen

Die bekanntesten Anleihen in Deutschland sind die Bundesanleihen. Damit finanziert das Land einen Teil seines Haushaltes, Infrastrukturmaßnahmen, Bildungseinrichtungen oder Krankenhäuser. Da der deutsche Staat als überaus sichere Einrichtung gilt, muss er Investoren traditionell einen sehr niedrigen Zins zahlen. In Zeiten von Null- und Minuszinsen impliziert das inzwischen sogar einen negativen Zins für Käufer von Bundesanleihen. Unternehmen geben Anleihen zumeist aus, um ihr Wachstum zu finanzieren, etwa um Investitionen oder Übernahmen stemmen zu können.

Bei Green Bonds geht es ebenfalls darum, neue Projekte und Maßnahmen zu finanzieren – mit der Besonderheit, dass es sich dabei um Vorhaben handelt, die den Klimaschutz verbessern, die Energiewende beschleunigen oder klimaschädliche Emissionen reduzieren sollen.

Die staatliche Förderbank KfW (Kreditanstalt für Wiederaufbau) hat rund 30 Green Bonds ausgegeben, die laut der Bank »zur Finanzierung von Projekten, die den Klimawandel verringern sollen, beitragen«. Und weiter: »Green Bonds – Made by KfW haben einen eindeutigen ökologischen Nutzen, beispielsweise aus dem Bereich erneuerbare Energien und Energieeffizienz.«

Im Mai 2019 gab die KfW ihren bislang größten Green Bond aus. Er hatte ein Volumen von drei Milliarden Euro. Damit sollen Kredite für erneuerbare Energien und emissionsarme Neubauten finanziert werden.[32] Auf staatlicher Ebene ist Frankreich einer der größten europäischen Emittenten von Green Bonds. Der französische Staat fördert damit ebenfalls die Finanzierung energieeffizienter Immobilien, aber auch CO_2-arme Transportmittel, saubere Energieträger und Biodiversität. Zudem sollen nachhaltige Produktionsmethoden unterstützt werden.

5.3.2 Unternehmen finanzieren ihre grüne Zukunft

Während Staaten und staatliche Banken oft eher allgemeine Ziele mit der Emission von Green Bonds verfolgen, sind die Pläne und Projekte bei grünen Anleihen von Unternehmen zumeist deutlich konkreter.

So hat etwa der Agrargroßhändler BayWa seine Neuausrichtung zum Betreiber von Wind- und Solarparks durch einen Green Bond mitfinanziert. Rund 500 Millionen Euro nahm das Unternehmen, das im Nebenwertesegment SDax der Deutschen Börse notiert ist, mit einem Green Bond im Juni 2019 ein. Der Zinskupon des Bonds liegt bei 3,125 Prozent, die Laufzeit beträgt fünf Jahre.[33]

Deutlich weniger Zinslast muss der Energiekonzern E.ON für einen Green Bond schultern, mit dessen Einnahmen der Dax-Konzern den Ausbau seiner Stromnetze beschleunigen will. Dieser Ausbau ist vor allem zur Verteilung des Stroms aus erneuerbaren Energien erforderlich. Der Bond, mit dem E.ON 1,5 Milliarden Euro einnahm, ist in zwei Tranchen aufgeteilt. Die erste mit Laufzeit bis 2024 hat einen Zins von null Prozent, bei der zweiten, die 2030 zurückgezahlt wird, wurde ein Zins von 0,35 Prozent festgeschrieben.[34]

Die Beispiele zeigen bereits ein breites Spektrum an »grünen Anleihen« und deren Emittenten. Für den Anleger bleiben zunächst mehrere Fragen offen: In welche Produkte von welchem Emittenten kann er investieren, wenn er sein Konzept von Nachhaltigkeit verfolgen will? Und wo gibt es eine nennenswerte Rendite?

Der Begriff »Green Bond« ist nicht geschützt, bislang bestimmen die Unternehmen oder Staaten selbst, was sie unter einem »grünen« Investment verstehen. Viele unabhängige Beobachter sehen deshalb dem sogenannten »Greenwashing« gerade im Geschäft mit nachhaltigen Anleihen Tür und Tor geöffnet. Dabei werden Anleihen gewissermaßen auf »Grün« umetikettiert, um dem Emittenten einen leichteren Zugang zu Kapital zu ermöglichen. Zudem dienen sie der Imagepflege – ein Unternehmen, das sich öffentlich dem Umweltschutz verpflichtet und Green Bonds auflegt, steigt im Ansehen.

5.3.3 GBP – Regelwerk für Green Bonds

Die Industrie hat sich daher gewisse Spielregeln verordnet, um Green Bonds als echte Umweltanleihen zu klassifizieren. Die »Green Bond Principles« (GBP) sollen darüber Aufschluss geben, welche konkreten Zwecke mit den eingesammelten Geldern verfolgt werden. Dies soll für den Investor nachvollziehbar dargestellt werden, etwa in Wertpapier-Prospekten oder in periodischen Berichten zur jeweiligen Anleihe.[35]

Im Einzelnen legen die Prinzipien fest, wie die Emissionserlöse verwendet werden. Insgesamt sind neun Kategorien angeben, dazu gehören natürlich erneuerbare Energien, sowie Abfallmanagement oder Mobilität. Die eingesammelten Erlöse sind außerdem getrennt zu verwalten und dürften ausschließlich für die genannten Projekte eingesetzt werden. Die GBP sind allerdings eine freiwillige Verpflichtung, weiterhin gibt es keine gesetzliche Regelung für die Klassifizierung von Anleihen mit Nachhaltigkeits-Anspruch.

Immer mehr Unternehmen nutzen daher eine sogenannte »second opinion«, eine zweite, möglichst unabhängige Meinung, die ihre Anleihe unter die Lupe nimmt. Damit soll bei Anlegern um Vertrauen geworben werden. Geliefert wird eine entsprechende Einschätzung von Anbietern wie dem wissenschaftlichen Institut CICERO in Oslo oder von der auf Nachhaltigkeit spezialisierten Research-Agentur ISS-ESG. Ratings für einzelne Green Bonds fertigen die gleichnamigen Agenturen ebenfalls an. Die Daten der Agenturen werden allerdings nicht direkt an Privatanleger herausgegeben. Green Bond-Indizes von Anbietern wie MSCI oder S&P brauchen diese Expertisen für die Erstellung von Indizes. Diese wiederum werden von Fondsgesellschaften als Basis für Indexfonds genutzt.

Einer der wichtigsten Index-Konstrukteure im Bereich Nachhaltigkeit ist die deutsche Firma Solactive. Deren Solactive Green ESG Bond Index enthält nur grüne Anleihen, die von der Climate Bond Initiative zertifiziert sind. Ausgeschlossen dabei sind Unternehmen, die fossile Brennstoffe oder Atomkraft liefern. Die Emittenten der betreffenden Anleihe müssen über eine gute Bonität verfügen, was für eine hohe Wahrscheinlichkeit spricht, dass sie zum Laufzeitende auch vollständig zurückgezahlt wird.

Wer attraktive Green Bonds für sein persönliches Investment sucht, kann einen Blick ins Portfolio von Nachhaltigkeits-Fonds werfen. Anleihenfonds, die zum Beispiel über das in Deutschland anerkannte Siegel des Forums Nachhaltige Geldanlage (FNG) verfügen, sind hier eine sinnvolle Quelle. Die FNG erstellt für alle von ihr geprüften Fondsprodukte ein Nachhaltigkeits-Profil. Freilich tut sie das nicht für jede einzelne Anleihe, die im Fonds enthalten ist. In den Fondsprospekten sind zumeist die Voraussetzungen erläutert, die eine Anleihe mitbringen muss, um in den Fonds aufgenommen zu werden.

Von politischer Seite wird in den kommenden Jahren noch mehr Druck auf die Emittenten von Green Bonds entstehen. Die EU hat im Rahmen ihres Aktionsplans einen Vorschlag für eine einheitliche Regelung erarbeitet, die sich an den GBP-Regelungen orientiert, aber die Emittenten außerdem verpflichtet, ein externes Gutachten einzuholen. Dieser Standard wird aber zunächst nicht verpflichtend sein. Experten gehen aber davon aus, dass die EU-Vorschriften als Gütesiegel allgemein anerkannt werden dürften.[36]

Bei der Auswahl muss der private Investor aber weiterhin abwägen, welche der Anleihen für ihn überhaupt in Frage kommen. Erscheint ihm der französische Staat mit seinen Green Bonds als geeignet, der Atomkraft regelmäßig nicht als Ausschluss-Kriterium sieht?

Auch Energieversorger wie E.ON, die zwar inzwischen stark in erneuerbare Energien und Stromnetze investieren, könnte er kritisch sehen. Immerhin verdient er weiterhin viel Geld damit, aus fossilen Brennstoffen Strom zu erzeugen.

5.3.4 Green Bonds an der Börse

Eine Übersicht über die in Deutschland handelbaren Green Bonds, die sich den GBP-Prinzipien unterworfen haben, bietet die Deutsche Börse an. Der Börsenbetreiber aus Frankfurt hat 2018 ein eigenes Börsensegment für Green Bonds geschaffen. Derzeit sind in diesem Segment rund 150 Anleihen handelbar. Neben staatlich kontrollierten Banken wie der KfW oder der Europäischen Investitionsbank EIB sind darunter auch Energieversorger wie die italienische Enel oder die spanische Iberdrola, die über Green Bonds ihre Neuausrichtung finanzieren wollen. Zu den dort vertretenen Emittenten gehören ebenso Firmen wie der dänische Windkraftanlagenbauer Vestas, der neue Projekte damit finanziell ausstatten will.[37]

Auch die Börsengemeinschaft Hamburg-Hannover führt Green Bonds auf und liefert zu den einzelnen Wertpapieren Hintergrundinformationen wie die »Second-Opinion«-Dokumente.[38]

Eine Möglichkeit, Green Bonds gewissermaßen exklusiv zu kaufen, bietet die Umweltbank an. Mit eigenen Green Bonds finanziert sie zum Beispiel den Bau von Solarparks, Windkraftanlagen und energieeffizienten Gebäuden. Die Wertpapiere bietet sie allerdings nur ihren eigenen Kunden an, die diese im internen Handel erwerben können.

Auch andere Geschäftsbanken bieten inzwischen Anleihen mit ausdrücklichem Bezug zu sozialen oder Umweltthemen an, darunter die Green Bonds der Deutschen Kreditbank (DKB). Die Tochter der Bayerischen Landesbank hat bislang rund zehn Milliarden Euro über diese Anleihen eingesammelt.

Seit 2018 läuft bei dem Institut ein Social-Bond-Programm. Damit werden Darlehen aus den Themenbereichen »soziales Wohnen«, »Gesundheit« und »Pflege« vergeben. Ein eigenes »Social Bond Framework« beschreibt die Ziele und die Vorgehensweise des Programmes.[39]

Ähnlich wie die DKB weiten auch die Konkurrenten im Bankensektor ihre Aktivitäten im Green- oder Social-Bond-Bereich aus. Wer sich als Anleger bei ihnen engagieren möchte, ist gefordert, sich über die Ziele und Mittelverwendung der Wertpapiere zu informieren. Der Emittent selbst sollte ebenfalls unter die Lupe genommen werden: Wie schneidet er bei unabhängigen Nachhaltigkeits-Ratings ab? Wie sieht die Kommunikation in Sachen Umweltschutz oder der Umgang mit den Mitarbeitern aus? Auch die aktuelle Nachrichtenlage liefert oft einen raschen Einblick in das Unternehmen.

Ratings, die die Anleihen durch namhafte Rating-Agenturen erhalten, sind für Privatanleger in der Regel nicht einsehbar. Im Idealfall geben die Banken nicht nur die Bewertung ihrer Anleihen durch die Rating-Agenturen an, sondern sie liefern sogar einen Einblick in die Details des Ratings.

Neuemissionen, also Green Bonds, die gerade aufgelegt werden oder erst seit kurzem am Markt verfügbar sind, werden oft auch von der Fachzeitschrift »ECOreporter« unter die Lupe genommen. Dabei werden die Zielrichtung der jeweiligen Bonds sowie deren Chancen und Risiken detailliert aufgelistet.[40]

5.3.5 Nachhaltigkeits-Anleihen

Im Sprachgebrauch wird der Begriff »Nachhaltigkeits-Anleihen« oft als Synonym zu den oben erwähnten »Green Bonds« verwendet, doch es handelt sich dabei um zwei Paar Stiefel. Green Bonds zielen bewusst auf die Finanzierung eines bestimmten Projekts mit Umwelt- oder sozialem Charakter, was per Wertpapierprospekt auch überprüfbar sein sollte.

Unter Nachhaltigkeits-Anleihen fasst beispielsweise die Stiftung Warentest dagegen Anleihen von Emittenten zusammen, »deren Geschäftspraktiken auf ethischen oder ökologischen Grundlagen basieren«. Die Erlöse aus diesen Anleihen fließen also nicht notwendigerweise direkt in ein nachhaltiges Projekt. Für Investoren wie Privatanleger reicht es, dass das emittierende Unternehmen oder der emittierende Staat selbst nachhaltige Ziele verfolgt beziehungsweise nachhaltig wirtschaftet.

Damit wären bei Staatsanleihen etwa Länder wie Schweden oder Finnland als Investment interessant. Beide Länder belegen in Nachhaltigkeits-Ratings stets vordere Plätze (siehe Abbildung 18). Und beide Staaten haben eine Reihe von Anleihen mit unterschiedlichen Laufzeiten im Markt im Angebot.

Bei Unternehmensanleihen muss der Anleger zunächst eine Auswahl von Firmen treffen, die selbst als nachhaltig gelten. Da einzelne Nachhaltigkeits-Ratings für private Investoren schwer zugänglich sind, helfen Aktienindizes weiter, die ausdrücklich nur Unternehmen enthalten, die ein klares Nachhaltigkeits-Profil aufweisen. Auch in den Portfolios nachhaltiger Aktienfonds finden sich solche Unternehmen.

Indizes wie der Natur Aktien Index (NAI)[41] oder der Global Challenges Index (GCX), der in Zusammenarbeit der Börse Hannover mit der Rating-Agentur ISS-ESG entstanden ist, helfen hier weiter.[42]

Rank	Country	Prime Status
1	Sweden	Yes
2	Finland	Yes
3	Switzerland	Yes
5	Norway	Yes
8	Great Britain	Yes
10	Austria	Yes
12	Germany	Yes
15	France	Yes
...	...	...
49	USA	No
60	China	No

Abbildung 18: ESG-Länderrating, Quelle: ISS ESG

Ein Teil der dort gelisteten Unternehmen hat Anleihen ausgegeben, die der Privatanleger über die Börse kaufen kann, so zum Beispiel das deutsche Windkraftunternehmen Nordex oder der US-amerikanische Elektroauto-Hersteller Tesla.

5.3.6 Auch Anleihen haben Risiken

Ob Green Bonds oder Nachhaltigkeits-Anleihen, beziehungsweise Anleihen eines Staates oder Unternehmens mit guten Nachhaltigkeits-Werten: Die Gesetzmäßigkeiten des Kapitalmarktes gelten für diese Wertpapiere gleichermaßen wie für gewöhnliche Anleihen, Aktien oder andere Finanzinstrumente. Die vielleicht wichtigste Regel lautet: Es gibt keine Rendite ohne Risiko!

Für das Anleihen-Investment eines Privatanlegers heißt das: In Zeiten chronisch niedriger Zinsen bieten Staatsanleihen von Staaten mit hoher Bonität, also Sicherheit vor Zahlungsausfällen, nur minimale Renditen. Umgekehrt gilt: Höhere Renditen sind nur noch mit Anleihen von Emittenten mittlerer oder schlechter Bonität zu erreichen. Welche Rating-Noten für Emittenten und deren Anleihen üblich sind, verrät Abbildung 19.

Die genannte Staatsanleihe des Landes Schweden bietet demnach bestenfalls eine Rendite zwischen null und 0,2 Prozent pro Jahr (Stand Ende 2019). Schweden ist ein vorbildlicher Schuldner mit einem AAA-Rating (»Triple A«) der wichtigsten Rating-Agenturen, der Bestnote also. Genauso wie das Land selbst werden auch seine Anleihen eingestuft.

Die Nordex-Anleihe dagegen erhält von der Rating-Agentur Standard & Poor's (S&P) nur ein B-Rating. Gleiches gilt für das Unternehmen. Damit ist die Anlage nach der Definition von S&P hochspekulativ. Bei einer deutlichen Verschlechterung der Unternehmenslage ist ein Zahlungsausfall damit durchaus wahrscheinlich. Als Ausgleich für dieses Risiko erhält der Anleger bis zum Laufzeitende 2023 eine jährliche Rendite von fünf bis sechs Prozent (die genaue Marktrendite richtet sich nach dem jeweiligen Kurs der Anleihe). Im derzeitigen Niedrigzins-Umfeld ist das ein durchaus üppiger Wert.

Die aktuellen Ratings von Anleihen und deren Emittenten sind auf einschlägigen Internetseiten wie »Bondguide«, vor allem aber bei den Unternehmen selbst auf deren Investor-Relations-Seiten abrufbar. Anleihen, die gar kein Rating aufweisen, sind in ihren Risiken auch noch schwerer einzuschätzen.[43]

Zwei Folgerungen sollten sich aus dem Risikoprofil einer Anleihe für den Anleger ergeben: Anleihen mit hohen Risiken sollten einerseits nur einen sehr überschaubaren Anteil an einem nachhaltig ausgerichteten Gesamtdepot haben. Zum anderen sollte die Anleihe selbst, also ihre Kursentwicklung und etwaige Veränderungen bei den Rating-Noten genauso wie das Unternehmen in regelmäßigen Abständen überprüft werden. Laufen die Geschäfte bei der Firma rund, dann ist auch die Rückzahlung der von ihr emittierten Anleihe in aller Regel nicht gefährdet.

Das teils hohe Ausfallrisiko besonders bei spekulativeren Papieren ist für Privatanleger oft schwer abzuschätzen und zu managen. Anders als ein Fondsmanager verfügen sie nicht über die Kapazitäten, einzelne Emittenten und deren Zahlungsfähigkeit genauer zu beurteilen.

AAA	Höchste Bonität, sehr starke Zins- und Tilgungsfähigkeit, geringstes Aufallrisiko	Investment Grade
AA	Sehr gute Bonität, starke Zins- und Tilgungsfähigkeit, sehr geringe Ausfallwahrscheinlichkeit	
A	Gute Bonität, angemessene Zins- und Tilgungsfähigkeit, geringe Ausfallwahrscheinlichkeit	
BBB	Stark befriedigende Bonität, noch angemessene Zins- und Tilgungsfähigkeit, leicht erhöhte Ausfallwahrscheinlichkeit	
BB	Befriedigende Bonität, sehr mäßige Zins- und Tilgungsfähigkeit, zunehmende Ausfallwahrscheinlichkeit	Non-Investment Grade
B	Ausreichende Bonität, gefährdete Zins- und Tilgungsfähigkeit, hohe Ausfallwahrscheinlichkeit	
CCC, CC, C	Mangelhafte Bonität, akut gefährdete Zins- und Tilgungsfähigkeit, sehr hohe Ausfallwahrscheinlichkeit	
D	Ungenügende Bonität, Zins- und Tilgungsdienst teilweise oder vollständig eingestellt, Insolvenztatbestände vorhanden	Default (Ausfall)

Abbildung 19: Ratingnoten, Quelle: Bondguide.de

Sie können sich außerdem nicht ein Anleihe-Portfolio von mehreren hundert einzelnen Wertpapieren zusammenstellen und es ständig überwachen. Damit ist die Mehrzahl der privaten Anleihe-Käufer mit einem nachhaltig ausgerichteten Anleihe-Fonds oder Anleihe-ETF (Indexfonds) besser und sicherer aufgestellt als mit dem Kauf einzelner Anleihen (siehe Abschnitt 6.5.2.).

Wer aber in ein spezielles Projekt investieren und sein Wertpapier wie auch das zugehörige Unternehmen aktuell begleiten will, kann dies mit ausgewählten Green Bonds sinnvoll tun.

5.4 Nachhaltige Aktien

Der Aktienmarkt ist auch 2020 noch das Stiefkind des deutschen Anlegers. Nur jeder sechste Bundesbürger ist direkter Besitzer von Aktien oder Aktienfonds. Dagegen hat statistisch jeder Deutsche eine Lebensversicherung, eine Anlageform, die heutzutage praktisch keine Rendite mehr abwirft. Rund 2,5 Billionen Euro liegen inzwischen unverzinst auf den Giro- und Sparkonten in Deutschland, laut Daten der Europäischen Zentralbank (EZB) hortet der Deutsche im Schnitt 12.400 Euro auf diesen Konten, deren Kaufkraft mit der Inflation von Jahr zu Jahr schwindet.

Aktien dagegen haben historisch gesehen eine Rendite von sechs bis acht Prozent jährlich. Das Deutsche Aktieninstitut (DAI) wird nicht müde, aufzuzeigen, dass besonders bei Anlagezeiträumen von einem Jahrzehnt oder länger zum Beispiel mit dem Deutschen Aktienindex (Dax) in der Vergangenheit praktisch keine Verluste möglich waren, egal, wann der Anleger ge- und verkauft hatte, siehe Abbildung 20.[44]

Die Aversion der Deutschen gegen Aktien bleibt dennoch bestehen. Als häufigstes Argument, das gegen einen Aktienkauf spricht, wird laut einer DAI-Umfrage angeführt: »Das Risiko ist mir zu hoch« (65 Prozent), »Ich weiß zu wenig über Aktien« (64 Prozent) sowie »Ich habe kein Geld für Aktien« (61 Prozent). Die weiteren Gründe sind in Abbildung 21 aufgeführt.

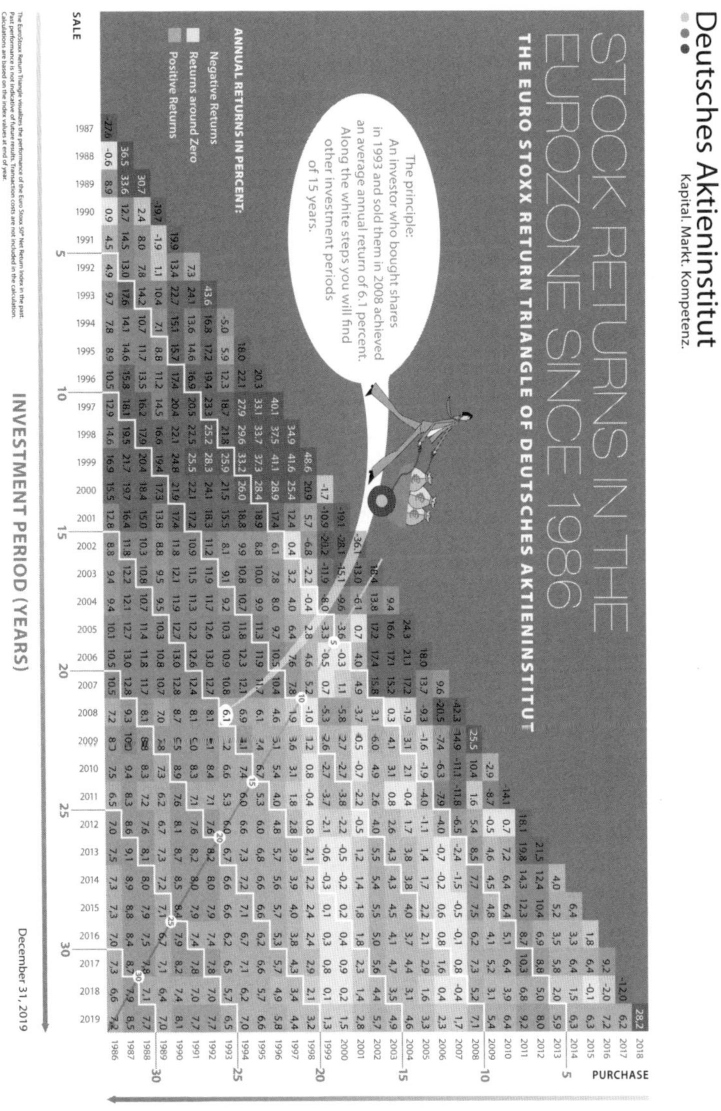

Abbildung 20: DAI-Renditedreieck, Quelle: Deutsches Aktien Institut

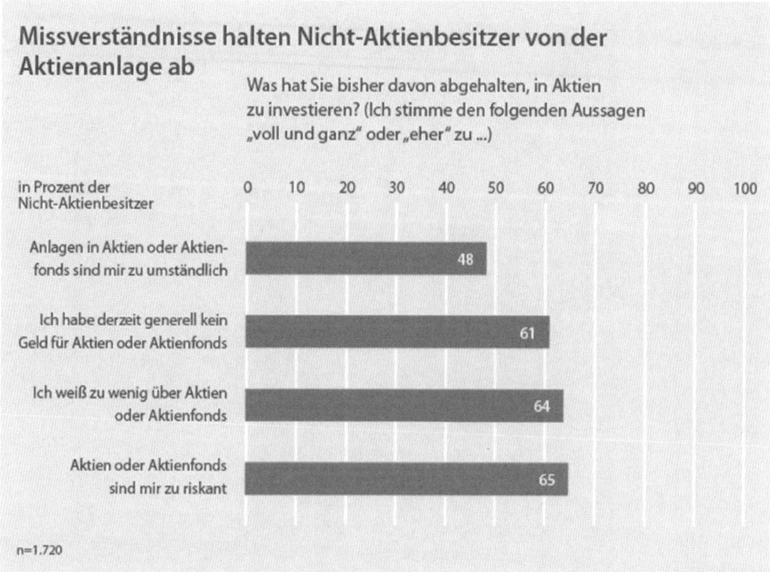

Abbildung 21: Gründe für den Aktienverzicht

Die Aktie, das unbekannte Wesen, wird gerade von den Deutschen zu Unrecht als Zockerpapier, Spielball von Spekulanten oder eine Form des Glücksspiels abgetan.

Dabei sind Aktien alles andere als das. Eine Aktie ist ein Anteil an einem Unternehmen, der in der Regel an der Börse gehandelt wird. Der Besitzer einer Aktie, der Aktionär, ist gewissermaßen Teilhaber des betreffenden Unternehmens. Er hat das Recht, an der jährlichen Hauptversammlung teilzunehmen und sein Stimmrecht auszuüben. Damit bestimmt er auch die Geschäftspolitik »seines« Unternehmens mit. Zudem hat er das Recht, am Gewinn des Unternehmens beteiligt zu werden.

Aktien sind historisch gesehen ein wichtiger Inflationsschutz, denn während Geld auf dem Sparbuch durch die Teuerung an Kaufkraft verliert, bleibt der Anteil an einem Unternehmen im gleichen Maß bestehen. Aktien haben Hyperinflation, Weltkriege, Währungsreformen und Wirtschaftskrisen überstanden, während Geldvermögen wertlos wurden oder ihre Besitzer durch Staatspleiten oder Währungsschnitte enteignet wurden.

Aktien liefern gewissermaßen eine natürliche Rendite: Ihre Kurse steigen historisch immer weiter an. Das allgemeine und fortdauernde Wachstum der Weltwirtschaft und der Menschen und Unternehmen, die zur Wertschöpfung beitragen, sorgen dafür.

5.4.1 Kursgewinne und Dividenden

Für Aktionäre lohnen sich Aktien finanziell auf zwei Arten: Zum einen schütten die meisten von ihnen eine jährliche Dividende aus, die eine direkte Gewinnbeteiligung darstellt. Zum anderen erzielen Aktionäre durch Kurssteigerungen der Aktie einen Gewinn. Das gilt natürlich nur, wenn die Unternehmen positive Erträge erzielen oder zumindest in Aussicht stellen können.

Für nachhaltig orientierte Investoren bieten Aktien einen direkten Zugang zu Unternehmen, die in den wichtigen Bereichen tätig sind, die unsere Umwelt bewahren oder das Klima schützen helfen, die die Gesundheitsversorgung verbessern, Mobilität verändern oder das Bauen und Wohnen ressourcenschonend gestalten.

Als Aktionär kann der nachhaltige Investor sich auf Hauptversammlungen oder sogar im Gespräch mit dem Unternehmen direkt einschalten (Engagement-Ansatz) und so prinzipiell auch eine direkte Wirkung erzielen. In der Praxis übernehmen dies Aktionärsvereinigungen oder -vertreter beziehungsweise Fondsmanager, die selbst ein Interesse an Veränderungen im Umwelt- oder Energiebereich oder im Umgang mit den Mitarbeitern haben.

Wie der Anleger bei der Auswahl der für ihn interessanten Aktien vorgeht, hängt maßgeblich von seinem persönlichen Nachhaltigkeits-Ansatz ab. Sollen lediglich bestimmte Branchen oder Industrien ausgeschlossen werden? Oder soll ein Best-in-Class-Ansatz verfolgt werden, der auf die nachhaltigsten Unternehmen einer Branche setzt? Sollen nach einem Screening nach Positiv-Kriterien Unternehmen bestimmter Branchen gezielt ausfindig gemacht werden? Oder will der Anleger gezielt Unternehmen unterstützen, die sich gerade in einem Wandel hin zu mehr Nachhaltigkeit befinden?

Bei der Bestimmung möglicher Branchen kann der Verweis auf die UN-Nachhaltigkeits-Ziele (SDG) hilfreich sein. In diesen Bereichen sollen bis zum Jahr 2030 deutliche Veränderungen erfolgen. Ein Unternehmen, das diese Entwicklungen fördert, dürfte auch als nachhaltiges Investment interessant sein. Das Ziel Nummer eins, die Armutsbekämpfung, verfolgen zum Beispiel Unternehmen, die für die Wasserversorgung und -aufbereitung in weniger entwickelten Staaten sorgen. Beim Ziel Nummer sieben, bezahlbare und saubere Energie, rücken automatisch die Hersteller von Solaranlagen, Wind-, und Wasserkraft-Spezialisten in den Fokus des Investors. Beim Ziel Nummer elf, nachhaltige Städte und Gemeinden, spielen Unternehmen eine Rolle, die energieeffizientes Bauen durch ihre Bau- und Dämmstoffe ermöglichen.

5.4.2 Megatrends als Richtungsweiser

Wer in unserer Gesellschaft bei der Suche nach geeigneten Unternehmen und deren Aktien sogenannte Megatrends berücksichtigt, erhält ebenfalls eine gute Orientierung für Wachstumsbereiche, in denen Unternehmen in den kommenden Jahren und Jahrzehnten Milliarden-Erlöse und -Gewinne erzielen werden.

Der weltgrößte Vermögensverwalter BlackRock hat fünf Megatrends identifiziert, die zu gewaltigen Umwälzungen führen werden:

1. Klimawandel und Ressourcenknappheit
2. Demographie und sozialer Wandel
3. Technologischer Durchbruch
4. Rasante Urbanisierung
5. Verschiebung der wirtschaftlichen Kräfteverhältnisse

Jedem dieser Trends sind Teilentwicklungen zugeordnet, so dem Trend »Demographie und sozialer Wandel« die Aspekte »Gesundheitsausgaben«, »Altersvorsorge-Lösungen«, »Robotik« und »Veränderung der Vorlieben der Verbraucher«.

BlackRock übersetzt die Megatrends und ihre Folgen naturgemäß in eigene Anlageprodukte, nämlich in eine Reihe von Aktienfonds. Deren Titelauswahl kann durchaus auch für den privaten Anleger interessant sein.[45]

So ist etwa im BlackRock Sustainable Energy Fund der US-Solar- und Windenergieanlagen-Hersteller Nextera Energy als größte Position enthalten. Auch der spanisch-portugiesische Konkurrent EDP Renovaveis und der französische Elektrotechnik-Konzern Schneider Electric haben dort ein hohes Gewicht.

5.4.3 Fonds mit FNG-Siegel

Fonds, die ein differenziertes Nachhaltigkeits-Screening durchführen, um ihre Portfolios zu strukturieren und über ein anerkanntes Nachhaltigkeits-Siegel verfügen, sind eine gute Quelle für Anleger, die auf der Suche nach interessanten Aktien-Investments sind. Das Forum Nachhaltige Geldanlage versieht eine recht übersichtliche Auswahl von in Deutschland erhältlichen Aktienfonds mit einem eigenen Qualitätssiegel.[46] Für jeden der Fonds ist ein detailliertes Nachhaltigkeits-Profil hinterlegt. Für den interessierten Aktienkäufer ist hier ersichtlich, welche Ausschluss- und Positiv-Kriterien angewendet werden. Ein Blick in die Fondsdokumente auf den Seiten der Fondsgesellschaft zeigt dann, mit welchen Einzelwerten die jeweilige Strategie umgesetzt wird.

Ein Aktienfonds, der das Siegel des FNG trägt, ist zum Beispiel der LBBW Global Warming der Landesbank Baden-Württemberg. Nach eigenen Angaben investiert der Fonds überwiegend in Unternehmen, die Produkte oder Dienstleistungen anbieten, die der globalen Erderwärmung (Global Warming) entgegenwirken oder deren Folgen abmildern. Unternehmen aus den Bereichen erneuerbare

Energien, Versorgung, Wasser, Bau, Anlagenbau, Versicherungen, Nahrungsmittel, Chemie, Erdgas oder Forstwirtschaft kommen dabei in Betracht. Stark investiert ist der Fonds zum Beispiel bei der Boston Scientific Group, einem US-amerikanischen Hersteller von medizinischen Geräten. Auch eine größere Position beim niederländischen Anlagenbauer für die Halbleiter-Industrie ASML befindet sich im Fonds-Portfolio.[47]

5.4.4 Natur Aktien Index

Bekannte Aktienindizes, die sich auf nachhaltige Aktien spezialisiert haben, geben ebenfalls eine Hilfestellung bei der Suche nach den geeigneten Titeln fürs private Depot.

Einer der ältesten davon ist der Natur Aktien Index (NAI). Diesen Index gibt es seit 1997 und er besteht aus nur 30 international ausgewählten Aktien. Nur Wertpapiere, die einen umfangreichen Kriterienkatalog erfüllen, werden in den Index aufgenommen. Sie müssen Produkte und Dienstleistungen anbieten, die

- einen wesentlichen Beitrag zur ökologisch und sozial nachhaltigen Lösung zentraler Menschheitsprobleme leisten (etwa regenerative Energieerzeugung, biologische Landwirtschaft),
- Branchen-Vorreiter sind im Hinblick auf die Produktgestaltung (Lebensdauer, Nutzungseffizienz),
- Branchen-Vorreiter sind im Hinblick auf die technische Gestaltung des Produktionsprozesses (geringer Ressourcenverbrauch, Umweltverträglichkeit) oder
- Branchen-Vorreiter sind im Hinblick auf die soziale Gestaltung des Produktions- und Absatzprozesses.

Enthalten sind im Index im Jahr 2020 etwa Firmen wie der US-Anbieter von Öko-Produkten Gaia, der japanische Wassermanagement-Spezialist Kurita, aber auch der britische Heimwerkermarkt-Betreiber

Kingfisher oder der deutsche Hersteller von Produktionsanlagen für Halbleiter Aixtron. Die Auswahl der Aktien erfolgt auf Basis von Unternehmensdaten, die die Öko-Research-Agentur imug bereitstellt.

5.4.5 Global Challenges Index (GCX)

Auch die Börsen AG, die die Börsenplätze Hamburg und Hannover betreibt, hat einen Nachhaltigkeits-Index erstellt: Der Global Challenges Index wird seit 2007 zusammen mit der Nachhaltigkeits-Rating-Agentur ISS-ESG (früher oekom research) berechnet.

Unternehmen, die in den 50 Werte umfassenden Index aufgenommen werden, durchlaufen einen mehrstufigen Auswahlprozess. Ausgeschlossen sind dabei Unternehmen, die in den Geschäftsfeldern Atomenergie, Biozide, chlororganische Massenprodukte, grüne Gentechnik und Rüstung tätig sind. ISS-ESG nutzt danach im Wesentlichen die ESG-Kriterien zur Selektion von Unternehmen. Diese dürfen aus Europa, Japan, Kanada und den USA kommen. Als Positiv-Kriterien werden dabei sieben globale Herausforderungen genannt, denen sich die Firmen mit ihren Produkten oder Dienstleistungen stellen müssen. Sie ähneln sehr stark den SDG-Zielen der UN:

- Sicherstellung einer ausreichenden Versorgung mit Trinkwasser
- nachhaltiger Umgang mit Wäldern
- Erhalt der Artenvielfalt
- Umgang mit der Bevölkerungsentwicklung
- Bekämpfung der Armut
- Unterstützung verantwortungsvoller Führungs-Strukturen (Governance)

Unternehmen, die den Sprung in den Index geschafft haben, sind derzeit der dänische Anbieter von Medizinprodukten, Coloplast, der Schweizer Sanitärhersteller Geberit, der deutsche Konsumgüterkonzern Henkel und der US-Solarzellenhersteller SunPower. Die Welt der

Indizes, die Nachhaltigkeits-Kriterien berücksichtigen, ist inzwischen stark angewachsen. Alle herkömmlichen Index-Anbieter, etwa S&P, MSCI oder Dow Jones, haben solche Börsenbarometer mit den unterschiedlichsten Auswahlregeln im Angebot. Auf diese Indizes sind eine Vielzahl von Finanzprodukten, in der Regel Indexfonds (ETFs), aufgelegt worden. Indizes und Indexfonds mit Nachhaltigkeits-Anspruch werden in Kapitel 6.5.2. ausführlich vorgestellt.

5.4.6 MSCI Datenbank

Einer der weltgrößten Daten-Lieferanten für die Finanzindustrie gibt seit Ende 2019 eine wichtige Hilfestellung bei der Suche nach börsennotierten nachhaltigen Unternehmen: Auf der Website von MSCI ESG Research lassen sich nun die aktuellen ESG-Daten für die 2.800 Mitglieder des Weltindex MSCI All Countries World Index abrufen. Die Ergebnisse zeigen einen Score, der von der schlechtesten Note CCC bis zum Triple AAA reicht.

Die Ratings bewerten die Unternehmen im Hinblick auf 37 ESG-Faktoren, die den drei Bereichen Environmental, Social und Governance zugeordnet sind. Zum ersten Bereich gehören etwa die Unterkategorien Klimawandel, natürliche Ressourcen, Emissionen und umweltbezogene Chancen.

Die Ratings für die Unternehmen zeigen nicht nur den Ist-Zustand, sondern schlüsseln auch auf, wie ein Unternehmen innerhalb seiner jeweiligen Branche abschneidet. Zudem erkennt der Nutzer in einer Zeitreihe der vergangenen Jahre, ob und wie sich die Nachhaltigkeits-Bewertung verändert hat. MSCI nutzt ein Team aus Analysten und moderne Auswertungsmethoden, bei denen auch künstliche Intelligenz zum Einsatz kommt. Dabei werden rund 1.000 Datenpunkte aus verschiedenen Quellen wöchentlich überprüft.

Für Privatanleger gibt es damit nun die Möglichkeit, zu einer Aktie ihrer Wahl ein aktuelles ESG-Rating zu erhalten. Die Auswahl in der Datenbank wird 2020 auf rund 7.500 Unternehmen erweitert.[48]

5.4.7 Nachhaltigkeits-Berichte

Natürlich sind auch Nachhaltigkeits-Berichte der Unternehmen ein Unterscheidungsmerkmal bei der Auswahl der richtigen Nachhaltigkeits-Aktie fürs eigene Depot. Seit 2017 sind solche Berichte verpflichtend für größere Unternehmen. Nicht verbindlich ist dabei allerdings, das Rahmenwerk der Global Reporting Initiative (GRI) als Leitschnur für die Berichterstattung zu nutzen.[49] Das tun gleichwohl laut einer Studie der Wirtschaftsprüfungsgesellschaft BDO bereits rund neun von zehn börsennotierten Firmen in Deutschland. Der GRI-Standard könnte auch die Mindestanforderung des Anlegers an ein nachhaltiges Unternehmen sein. Ein gut strukturierter Bericht, der wesentliche Nachhaltigkeits-Kriterien übersichtlich darstellt und einen sogenannten »GRI Content Index« anbietet, also einen direkten Verweis auf harte Nachhaltigkeits-Daten im Bericht, schafft ebenfalls Vertrauen. Die klare Aufschlüsselung der unabhängigen Prüfer, die den Bericht begutachtet haben, sollte ebenfalls nicht fehlen. Dies sind in der Regel Wirtschaftsprüfungsgesellschaften oder Rating-Agenturen.

Natürlich sollte der Bericht auch möglichst klare Details zu Fakten wie Ressourcenverbrauch, Emissionen, Korruption und Menschenrechten im Unternehmen, aber auch in der Lieferkette, enthalten. Wenn sich schließlich noch aus einer Zeitreihe über mehrere Jahre eine kontinuierliche Verbesserung der Nachhaltigkeit des Unternehmens ableiten lässt, ist dies natürlich ein Gütesiegel.

5.4.8 Kleine Bilanzanalyse

Wer auf der Suche nach interessanten Unternehmen fündig geworden ist, die die Ansprüche an ein nachhaltiges Investment erfüllen, hat gute Aussichten, damit auch eine ordentliche Rendite einzufahren. Denn Firmen, die in den Bereichen erneuerbare Energien, Gesundheitsvorsorge, Medizintechnik oder gesunder Konsum tätig sind, gehören in der Regel zu den innovativsten Unternehmen mit guten Wachstumsaussichten. Ob die Aktien der betreffenden Firmen aber letztlich auch gute Kurssteigerungen liefern können, ob die Unternehmen gut gemanagt sind und ihr Marktpotenzial ausnutzen, und ob sie angemessene Gewinne, möglichst auf lange Sicht, erzielen, ist damit noch nicht gesagt.

An der Börse wird zwar nach einer alten Börsenweisheit vor allem die Zukunft gehandelt, was heißt, dass sich in der gegenwärtigen Kursentwicklung die Hoffnung auf künftig steigende Gewinne und künftig höhere Marktanteile niederschlägt. Doch ob diese Hoffnungen je erfüllt werden, hängt von vielen Faktoren ab.

Um die Betrachtung sogenannter fundamentaler Kennzahlen eines Unternehmens kommen vor allem die Privatanleger nicht herum, die eine Aktie in einem der genannten Nachhaltigkeits-Indizes identifiziert haben. Denn für die Aufnahme dort spielen die nicht-finanziellen Kennzahlen die Hauptrolle.

Bei Aktien, die in arrivierten nachhaltigen Aktienfonds große Positionen einnehmen, kann man dagegen davon ausgehen, dass dies einen guten Grund hat: Das Fondsmanagement ist von ihnen überzeugt, nicht nur weil sie nachhaltig wirtschaften, sondern auch, weil sie profitabel sind, heute und voraussichtlich auch in Zukunft. Die Aktien in den Fonds werden in der Regel fortlaufend durch Analysten des zugehörigen Bankhauses oder der betreffenden Fondsgesellschaft überwacht.

Die vielleicht wichtigste Kennzahl bei der Bewertung einer Aktie ist die Eigenkapitalrendite, der Return on Equity (RoE). Sie setzt das Vermögen eines Unternehmens ins Verhältnis zu seiner Ertragskraft, sie zeigt, wie rentabel ein Unternehmen arbeitet. Eine Eigenkapitalrendite von zehn Prozent entsteht zum Beispiel, wenn das Unternehmen über ein Eigenkapital von 50 Millionen Euro verfügt und der Jahresgewinn fünf Millionen Euro erreicht. In der Praxis wäre das ein guter, wenn auch kein sehr guter Wert.

Ein gutes Bild von der Profitabilität eines Unternehmens gibt auch die Gewinnmarge, also das Verhältnis von Umsatz zu Gewinn, das in einem Geschäftsjahr entsteht. Um den Gewinn ohne finanzielle »Störfaktoren« wie Steuereffekte betrachten zu können, wird dabei gerne das Ergebnis vor Zinsen und Steuern (Earnings before interest and taxes, kurz »EBIT«) zurate gezogen. Diese Ergebnisgröße wird auch oft als operatives Ergebnis oder operativer Gewinn bezeichnet. Die Kennziffer EBIT-Marge entspricht dann dem EBIT im Verhältnis zum Umsatz eines Unternehmens. Ein Unternehmen, das in einem Geschäftsjahr Umsatzerlöse von 20 Millionen Euro erwirtschaftet hat und dabei ein EBIT von drei Millionen Euro erreicht hat, kommt damit auf eine sehr gute EBIT-Marge von 15 Prozent.

Um ein Gefühl dafür zu bekommen, ob eine Aktie fair bewertet, teuer oder günstig ist, wird auch von Profis das Kurs-Gewinn-Verhältnis, kurz KGV, betrachtet. Genau genommen wird nicht der Kurs einer einzelnen Aktie dabei angeschaut, sondern der Wert aller Aktien des betreffenden Unternehmens, auch als Börsenwert oder Marktkapitalisierung bezeichnet.

Dieser Wert errechnet sich aus der Anzahl aller ausgegebenen Aktien des Unternehmens multipliziert mit dem Kurs der Aktie. Eine Firma, deren Aktie etwa bei 30 Euro notiert und die 100 Millionen Aktien ausgegeben hat, kommt damit auf einen Börsenwert von drei Milliarden Euro. Hat das Unternehmen nun in einem Geschäftsjahr einen Reingewinn von 250 Millionen Euro erzielt, entspricht dies einem KGV von zwölf. Mit anderen Worten, das Unternehmen müsste zwölf Jahre lang einen Gewinn in dieser Höhe erzielen, um seinen Börsenwert einzuspielen. Ein KGV von zwölf entspricht in etwa dem durchschnittlichen KGV eines Dax-Unternehmens über mehrere Jahrzehnte. Liegt der Wert darüber, gilt die Aktie klassischerweise als teuer oder hoch bewertet, darunter eher als günstig oder niedrig bewertet.

Die drei genannten grundsätzlichen Kennziffern sind freilich nur Momentaufnahmen zu einem bestimmten Zeitpunkt. Wer die längerfristige Ertragskraft eines Unternehmens unter die Lupe nehmen will, der schaut sich zumindest diese Fundamental-Daten für längere Zeiträume an. Die Veränderungen bei Eigenkapitalrendite, EBIT-Marge,

KGV und einigen anderen Kennzahlen vermitteln ein Gefühl für die Entwicklung eines Unternehmens. Steigt die Marge, scheint es entweder günstiger zu produzieren oder höhere Preise für seine Produkte am Markt durchsetzen zu können. Sinkt das Kurs-Gewinn-Verhältnis, scheint die bessere Ertragslage sich noch nicht oder nicht komplett in einer entsprechend höheren Börsenbewertung niedergeschlagen zu haben.

Neben reinen Finanzkennzahlen blicken die Börsenprofis auch auf den Markt selbst und darauf, wie die Marktteilnehmer eine Aktie beurteilen. Ein Maßstab dafür ist die Reaktion des Aktienkurses auf Nachrichten.

Reagiert der Markt zum Beispiel positiv auf aktuelle Geschäftszahlen des Unternehmens, also steigt der Kurs unmittelbar nach Bekanntgabe dieser Zahlen? Das ist ein Indiz dafür, dass das Unternehmen und seine Branche gerade im Fokus der Anleger steht und dass seine Aktien potenziell gut nachgefragt sind.

Die genannten und viele weitere Finanzkennzahlen sind im Internet frei verfügbar. Auf Datenplattformen wie Onvista können sie für viele tausend Unternehmen aktuell abgerufen werden.

Viele versierte Aktienanleger nutzen Scoring-Modelle, um ein vergleichendes Bild eines Unternehmens und seiner Aktie zu ermitteln, wie es auch Profis wie Analysten und Fondsmanager tun. Dabei wird eine Reihe von Kennzahlen in ein Schema eingeordnet. Für eine vergleichsweise gute Kennzahl gibt es mehr Punkte als für einen durchschnittlichen Wert. Bei schwachen Kennziffern werden keine Punkte verteilt oder es erfolgt sogar ein Punkteabzug.

Die ehemalige Fondsmanagerin Susan Levermann hat eine solche Methode der Analyse von Geschäftsdaten in ihrem Buch »Der entspannte Weg zum Reichtum« detailliert beschrieben. Mit 13 Kennziffern kann sich der Privatanleger damit ein recht umfassendes Bild von der Ertragskraft, der Bewertung und den Zukunftsaussichten eines Unternehmens machen. Diese Analyse ist allerdings unabhängig davon, ob und welche Kriterien für Nachhaltigkeit das jeweilige Unternehmen erfüllt.[50]

5.5 Nachhaltige Fonds

Für Anleger, die nachhaltig investieren wollen, sind in aller Regel Investmentfonds das beste Mittel der Wahl. Sie erleichtern dem privaten Investoren in mehrfacher Hinsicht die Arbeit: Die Auswahl der Einzeltitel übernimmt der Profi, der Fondsmanager. Ihm stehen ein großer Datenpool und ein Team von Analysten zur Verfügung – und nicht zuletzt Händler, die seine Transaktionen abwickeln. Im Fall von passiven Produkten, die stur einen Index nachbilden, wirkt ein Automatismus, der Aktien exakt entsprechend der Zusammensetzung des Index zu- oder verkauft und die Gewichtungen entsprechend diesem Index fein vornimmt. Mit einem wohl strukturierten und überwachten Fonds-Portfolio hat der Anleger einen weiteren wichtigen Effekt in seinem eigenen Depot bereits berücksichtigt – den der Diversifikation. Die Verteilung über Dutzende oder sogar Hunderte Einzelwerte in nur einem Fondsprodukt senkt das Risiko, ohne Rendite zu verschenken, das haben viele Studien nachgewiesen. Der Aufwand, ein solches Portfolio selbst zu erstellen und zu pflegen, ist im privaten finanziellen und zeitlichen Rahmen schlicht nicht zu leisten.

Das Prinzip des Investmentfonds ist schlicht aber wirkungsvoll: Ein Emittent, in der Regel eine Fondsgesellschaft, setzt einen Fonds auf. Er sammelt die Mittel von vielen Anlegern ein, um damit Aktien, Anleihen oder sonstige Wertpapiere und Vermögenswerte zu kaufen. Die Fondskäufer erhalten Fondsanteile, die ihren Besitz am Fonds entsprechend dokumentieren. Damit können sie die Erfolge des Fonds für sich vereinnahmen: Der Kurs des Fonds steigt mit den Kursen der Aktien, Anleihen oder sonstigen Assets in seinem Portfolio. Gezahlte Dividenden oder Zinsen, die innerhalb des Fonds anfallen, werden wahlweise an die Anleger ausgeschüttet oder im Fondsvermögen wieder angelegt (thesauriert).

Kaufen und verkaufen kann der Anleger die Fondsanteile direkt bei der Fondsgesellschaft über seine Bank oder seinen Broker, oder er kann sie in vielen Fällen direkt an der Börse handeln.

Für seine Dienste erhält der Fondsmanager eine Vergütung (Verwaltungsgebühr), die dem Fonds fortlaufend entnommen wird. Dazu kommt traditionell ein einmaliger Preisaufschlag beim Kauf der Anteile hinzu, der sogenannte Ausgabeaufschlag (auch Agio genannt).

Rechtlich gesehen sind die Bestandteile des Fonds gesetzlich geschütztes Sondervermögen. Rechtsgrundlage ist das Kapitalanlagegesetzbuch (KAGB). Das bedeutet, die im Fonds gehaltenen Aktien, Anleihen oder sonstigen Vermögenswerte gehören entsprechend den erworbenen Fondsanteilen dem Eigentümer dieser Anteile. Im Fall einer Insolvenz der Fondsgesellschaft bleiben diese Werte dem Anteilseigner erhalten. Damit unterschiedet sich ein Investmentfonds fundamental etwa von einer Anleihe oder auch einem Zertifikat, dies sind Schuldscheine eines Emittenten, die bei dessen Pleite wertlos verfallen können.

5.5.1 Wachstumsmarkt Investmentfonds

Die Erfolgsgeschichte der Investmentfonds hat dazu geführt, dass Billionen von Dollar, Euro und Yen in Fondsform angelegt und verwaltet werden. Allein in Deutschland waren Ende 2019 laut der Statistik des Fondsverbandes BVI rund drei Billionen Euro in Investmentfonds angelegt. Nur ein Drittel davon entfällt übrigens auf Publikumsfonds, also Fonds, die jedem Anleger offenstehen. Der Rest der Gelder wird in sogenannten Spezialfonds verwaltet, die eigens für große Investoren wie Pensionskassen, Stiftungen, Kirchen, Versicherungen oder Vermögensverwaltungen konzipiert und betreut werden. Der Privatanleger ist der kleinere Faktor im Fondsgeschäft.

Die Spielarten der Fonds sind in den vergangenen Jahrzehnten vielfältig geworden: Neben reinen Aktien- und Anleihen- oder Rentenfonds tummeln sich Mischfonds, die die beiden klassischen Anlageklassen enthalten. Genauso gehören Rohstoff-Fonds, Immobilienfonds oder Hedgefonds (die für Privatanleger in Deutschland nur schwer erhältlich sind) zum Repertoire der Fondsindustrie. Welche

Summen auf welche Fondsarten entfallen, ist Abbildung 22 zu entnehmen.[51]

Neben den üblichen offenen Investmentfonds, die für alle Anleger zugänglich und deren Anteile jederzeit handelbar sind, sind auch geschlossene Fonds im Angebot vieler Gesellschaften. Mit diesen Fonds wird ein konkretes Projekt, etwa eine Immobilie, ein Solar- oder Windpark oder auch ein Containerschiff, finanziert. Nachdem der Emittent eine bestimmte Summe an Mitteln eingesammelt hat, wird der Fonds für weitere Interessenten geschlossen. Dann werden keine weiteren Anteile verkauft. Nach einer vorher definierten Laufzeit erhält der Käufer seinen Einsatz, neben zuvor in Aussicht gestellten Zinsen oder Ausschüttungen, zurück.

Bei geschlossenen Fonds handelt es sich um eine direkte Beteiligung an einem Unternehmen, das den Fonds auflegt. Dies ist ein wichtiger Unterschied zu Anteilen offener Aktien- oder Rentenfonds. Bei geschlossenen Fonds besteht deshalb auch ein höheres Risiko für den Anleger. Zudem liegt das Risiko auch durch Beschränkung auf ein einzelnes Projekt höher als bei einer Verteilung auf viele Anleihen oder Aktien, wie sie in einem konventionellen Investmentfonds üblich ist.

Nettovormögen in Mio. Euro	30.09.19	30.06.19	30.09.18	30.09.17	30.09.16
Aktienfonds	393.558,1	385.544,6	391.620,2	380.007,6	323.979,7
Rentenfonds	217.049,7	210.971,8	204.428,1	212.947,9	201.701,2
Mischfonds	296.544,8	289.252,1	286.503,7	254.016,0	221.247,0
Wertgesicherte Fonds	18.727,8	19.115,4	19.880,0	20.906,9	24.278,0
Geldmarktfonds	19.994,3	18.362,3	16.470,0	10.619,6	10.706,0
Sonstige Wertpapierfonds	2.918,6	2.866,6	3.136,2	2.751,3	2.555,6
Zielvorgabenfonds	8.204,6	8.395,5	10.576,3	11.251,0	11.043,3
Lebenszyklusfonds	1.224,5	1.195,7	1.154,3	2.712,9	2.504,8
Hybridfonds	5.233,4	5.169,6	6.216,0	6.491,5	6.433,8
Alternative Anlagen	8.341,2	8.047,9	8.268,3	7.800,4	7.580,6
Sachwertfonds	106.961,3	104.431,1	96.310,4	89.669,5	88.030,7
Summe Offene Publikumsfonds	1.078.758,3	1.053.352,6	1.044.563,5	999.174,6	900.060,7

Abbildung 22: Fondsstatistik Deutschland, Quelle: BVI

Nachhaltige Fonds sind inzwischen auf dem Weg von einer Nische zum Mainstream in der Finanzindustrie. In dieser Nische haben sie bereits mehrere Jahrzehnte überdauert. Vor allem Kirchen, aber auch Stiftungen oder öffentliche Versorgungswerke haben seit langem ihre Mittel in Fonds investiert, die zumindest mit Ausschluss-Kriterien arbeiten, also zum Beispiel Branchen wie Rüstung meiden oder nicht in Unternehmen investieren, bei denen Umweltschutz oder faire Arbeitsbedingungen nicht beachtet werden.

Großinvestoren wie der norwegische Staatsfonds, der rund eine Billion Dollar verwaltet, sind in den vergangenen Jahren auf nachhaltige Auswahlstrategien umgeschwenkt. Das geschieht nicht nur, weil damit eine Wirkung in ökologischer oder sozialer Hinsicht angestrebt wird. Nachhaltige Kriterien bei den eigenen Investments anzulegen, senkt nachweislich die Risiken im Portfolio. Umweltrisiken oder rechtliche Probleme wegen zweifelhafter Produkte wollen die großen Anleger, die allesamt einen sehr langen Anlagehorizont haben, tunlichst aus ihrem Portfolio verbannt wissen.

Der private Anleger kann heute auf eine Vielzahl von Fondsprodukten mit nachhaltiger Ausrichtung setzen. Die Rating-Agentur Scope hat ermittelt, dass dies in Deutschland inzwischen rund 800 Fonds sind, die Tendenz ist stark ansteigend. Sowohl aktiv gemanagte Fonds als auch Indexfonds (ETF) mit Nachhaltigkeits-Anspruch wachsen stetig in der Beliebtheit der Anleger. ETFs liegen anteilsmäßig noch bei ungefähr 20 Prozent aller Fonds, die Mittelzuflüsse in diese Produkte sind allerdings höher als bei aktiv gemanagten Fonds.

Aktiv gemanagte Nachhaltigkeits-Fonds

Der größere Teil der in nachhaltige Fonds investieren Mittel in Deutschland liegt auch heute noch in aktiv gemanagten Fonds, bei denen ein Fondsmanagement die Bewertung und Auswahl geeigneter Aktien übernimmt. Hier findet ein aufwendiger Filter- und Bewertungsprozess statt, es werden zum Teil auch Informationen aus Gesprächen mit den Unternehmen bei der Entscheidung für oder gegen ein Wertpapier genutzt.

Ob die nachhaltige Ausrichtung vieler Fonds wirklich echt ist, daran haben unabhängige Experten in den vergangenen Jahren Zweifel formuliert, nicht zu Unrecht: Die Stiftung Warentest hatte 2017 in einer Überprüfung von 58 Fonds nur drei als wirklich »grün« und ethisch streng ermittelt. Viele der untersuchten Fonds hatten zum Beispiel Branchenvertreter aus den Bereichen Glücksspiel, fossile Brennstoffe oder industrielle Tierhaltung nicht kategorisch ausgeschlossen.[52]

Für Anleger bleibt auch drei Jahre später die Aufgabe bestehen, sich mit dem Nachhaltigkeits-Konzept derjenigen Fonds auseinanderzusetzen, die ihm interessant erscheinen. Dazu gibt es mehrere Möglichkeiten.

FNG-Siegel

Das wohl anerkannteste Siegel für nachhaltige Investmentfonds stellt das Forum Nachhaltige Geldanlagen, FNG, öffentlich zur Verfügung. Es soll Anlegern eine Richtschnur bei der Auswahl der Finanzprodukte geben und gleichzeitig die Fondsanbieter motivieren, mehr Wert auf Nachhaltigkeits-Kriterien zu legen. Das Siegel wurde 2015 entwickelt und wird einmal jährlich vergeben. Die Anbieter, die dieses Siegel erhalten wollen, müssen sich selbst um eine Prüfung ihrer Produkte bewerben. Entwickelt wurde es in Zusammenarbeit mit der Universität Frankfurt und der FNG-Tochtergesellschaft GNG, Gesellschaft für Qualitätssicherung Nachhaltiger Geldanlagen. Das Konzept wird von einem unabhängigen Komitee geprüft und weiterentwickelt.

Fonds, die das Siegel mit einem, zwei oder drei Sternen erhalten, müssen Mindeststandards wie Transparenz-Kriterien erfüllen und sich an eine Reihe von Ausschluss-Kriterien halten. Der nachhaltige Anlagestil wird mit rund 80 Fragen geprüft und bewertet. Ebenso werden die Fondsberichte unter die Lupe genommen. Außerdem legt die GNG Wert darauf, dass eine Fondsgesellschaft einen Nachhaltigkeits-Beirat bei den Entscheidungen zurate zieht.

Die Zahl der Fonds mit dem FNG-Siegel ist mit derzeit rund 100 sehr überschaubar. Viele Fondsgesellschaften sind mit ihren Produkten gar nicht vertreten, hier dürfte auch die Politik der jeweiligen Häuser eine Rolle spielen. Nicht jeder Anbieter will sich den Kriterien der FNG stellen.

Für Anleger bietet die FNG ein detailliertes Nachhaltigkeits-Profil für jeden der ausgezeichneten Fonds, aus dem der Anlageansatz, Ausschluss- und Positiv-Kriterien hervorgehen. Zudem werden die Research-Partner und der Nachhaltigkeits-Beirat der Fondsgesellschaft benannt.

Unter den Aktienfonds, die etwa die Hälfte der Produkte mit Siegel stellen, findet sich etwa der Steyler Fair Invest, der von der Ethikbank Steyler schon seit 2012 verwaltet wird (WKN: A1JUVL). Der Fonds definiert eine Reihe von Ausschluss- und Positiv-Kriterien, deren Einhaltung von einem Beirat überwacht wird.

Der Fonds, der ein Volumen von knapp 50 Millionen Euro hat, investiert zu mindestens 61 Prozent in Aktien. Derzeit sind die Branchen IT, Konsumgüter und Gesundheit stark im Portfolio vertreten. Zu den größten Positionen gehören derzeit der US-Sportartikel-Hersteller Nike oder der dänische Gesundheitsdienstleister Coloplast. Wie das Nachhaltigkeits-Profil bei diesem Fonds aussieht, zeigt auszugsweise Abbildung 23.

Nachhaltigkeitsansatz

Positivkriterien	Umwelt	Ethik & Soziales	Governance
Ausschlusskriterien	Umwelt	Ethik & Soziales	Governance
Engagement	Ja, intern organisiert		
Stimmrechtsausübung	Ja, extern organisiert		
Best-in-Class	Best-in-Class		

Abbildung 23: Auszug aus FNG-Nachhaltigkeits-Profil (Steyler Fair Invest)

Im Bereich der Rentenfonds haben rund 30 Produkte das FNG-Siegel erhalten. Bereits seit 2006 ist der Erste Responsible-Bond-Fonds am Markt. Gemanagt wird er von der Erste Asset Management, einer Tochter der Erste Group Bank, die zur Sparkassengruppe in Österreich gehört.

Der Fonds, der etwa 110 Millionen Euro verwaltet, investiert zumindest zu 51 Prozent in Euro-Anleihen mit Investment Grade, also mit guter Bonität, die nach einem Auswahlprozess der Fondsgesellschaft als nachhaltig eingestuft werden. Auch hier sind eine Reihe von Ausschluss-Kriterien festgelegt. Derzeit investiert der Fonds in Staatsanleihen vorwiegend aus Europa, aber auch aus Australien und Neuseeland, mit zumeist kurzer Restlaufzeit. Zu den Unternehmensanleihen gehört etwa ein Bond der ÖBB Infrastruktur. Das Unternehmen ist in Österreich für den Bau des Schienennetzes zuständig.

Datenbank »Nachhaltiges Investment«

Eine weitere Möglichkeit, einen nachhaltigen Fonds zu ermitteln, der zu den eigenen Bedürfnissen und Ansichten passt, bietet die Datenbank des Sustainable Business Institute (SBI). Etwa 450 Fondsprodukte mit Nachhaltigkeits-Ansatz enthält die Datenbank, die auf der Internetseite www.nachhaltiges-investment.org zu finden ist.[53]

Hier kann der Anleger bei der Suche nach Fonds selbst bestimmte Negativ-Kriterien für die drei ESG-Dimensionen definieren und dann eine dazu passende Auswahl erhalten.

Diese Selektion kann die zur Auswahl stehenden Fonds erheblich verkleinern. Wer etwa Ausschluss-Kriterien zu den Themen wie fossile Energie, Kerntechnik und Gentechnik mit ethischen Ausschlüssen wie Verstöße gegen Menschenrechte sowie Produktion von Waffen und Rüstungsgütern kombiniert, erhält nur noch rund ein Dutzend Fonds zur Auswahl.

Dazu gehört etwa der Ökoworld Growing Markets 2.0 (WKN: A1J0HV), ein Aktienfonds des Luxemburger Vermögensverwalters und Fondsanbieters Ökoworld. Der Fonds arbeitet mit harten Ausschluss-Kriterien in allen Bereichen und investiert bewusst in Branchen wie Stadtentwicklung, Trinkwasserversorgung oder Energieerzeugung. Der Fonds ist bereits seit 2012 am Markt und hat ein Volumen von ca. 130 Millionen Euro. Mit den Growing Markets sind hier die Schwellenländer gemeint, die häufig auch als »Emerging Markets« bezeichnet werden. Entsprechend stellen China, Brasilien, Indien und Taiwan die meisten Positionen im Fonds-Portfolio. Nach Einzelwerten sind der chinesische Sportartikel-Hersteller Anta Sports, der taiwanesische Fahrrad-Hersteller Giant oder die Clicks Group, Hersteller von Gesundheits-Produkten, die größten Einzelpositionen im Fonds.

Unter den Fonds mit harten Nachhaltigkeits-Kriterien in allen Bereichen findet sich auch der Swisscanto Water Invest (WKN: A0MSPX), ein lupenreiner Themenfonds. Swisscanto Asset Management ist der Fondsanbieter der Züricher Kantonalbank. Der Aktienfonds besteht bereits seit 2007 und er widmet sich seitdem Unternehmen, »die Technologien, Produkte oder Dienstleistungen mit Bezug zur Wertschöpfungskette des Wassers« anbieten. Damit besteht auch ein klarer Fokus auf dem SDG-Ziel Nummer sechs: »Sauberes Wasser und Sanitär-Einrichtungen«.

Der Fonds hat einen starken regionalen Schwerpunkt in den USA, 60 Prozent des Fondsvolumens von 165 Millionen Euro ist dort angelegt. Zu den Top Holdings gehören die Aktien von Aqua America, einem Wasser- und Abwasserunternehmen, Ecolab, einem Anbieter von Reinigungs- und Hygiene-Produkten, oder auch von Xylem, einem US-Spezialisten für Wasserreinigungsanlagen.

ebase Fondsplattform

Eine gezielte Fondssuche aus über 7.000 Investmentfonds macht ebase möglich. Hier kann man als Privatanleger verschiedene Nachhaltigkeits-Filter aktivieren, die in Abbildung 24 dargestellt sind.

- ☑ Auch in erneuerbare Energien
- ☑ Umweltorientiert
- ☑ Anerkennung der Global Compact Prinzipien der Vereinten Nationen
- ☑ Größtenteils frei von Atomenergie
- ☑ Größtenteils frei von Gentechnik
- ☑ Größtenteils frei von Tierversuchen
- ☑ Größtenteils frei von Rüstung

Abbildung 24: Ethik-Kriterien bei ebase, Quelle: ebase

Wer die Ausschluss-Kriterien Gentechnik, Atomenergie, Tierversuche und Rüstung anwendet, einen Fonds sucht, der umweltorientiert ist und auch in erneuerbare Energien investiert, selektiert aus der großen Zahl verfügbarer Fondsprodukte etwa 40 Aktienfonds.[54]

Darunter ist auch der Fonds der nachhaltigen Bank GLS. Der GLS Aktienfonds (WKN: A1W2CK) investiert global und gleichzeitig bewusst in bestimmte Umweltbranchen. Zum Portfolio gehören das dänische Windkraftunternehmen Vestas, der niederländische Spezialist für Energiespeichersysteme Alfen oder auch der österreichische Verpackungs-Produzent Mayr-Melnhof. Regional ist der Fonds nur zu 15 Prozent in US-Aktien investiert. Deutschland mit elf Prozent, Japan und die Niederlande folgen mit jeweils acht Prozent.

Umweltbanken

Einen direkten Weg zu nachhaltigen Fondsprodukten bieten mehrere Banken in Deutschland an, die sich selbst dem Nachhaltigkeits-Gedanken verschrieben haben. Sie haben zum Teil eigene Aktien-, Renten- oder Mischfonds im Angebot oder vermarkten unternehmensfremde Produkte, die aber die eigenen harten Nachhaltigkeits-Kriterien erfüllen.

Neben der GLS Bank bieten beispielsweise die Triodos Bank und die Evangelische Bank die Möglichkeit, in solche hauseigenen Produkte zu investieren. Der EB-Öko-Aktienfonds der Evangelischen Kirche (WKN: 971682) besteht bereits seit 1991. Der Fonds überprüft infrage kommende Aktien anhand von Ökoanlage-Kriterien, zum Beispiel mithilfe von Rating-Daten, aber auch durch Befragungen der jeweiligen Unternehmen. Mindestens zu zwei Dritteln soll das Anlageportfolio aus profitablen und vorbildlichen Öko-Vorreitern ihrer Branche bestehen.

Der Fonds investiert mit einem Schwerpunkt in der Konsumgüterbranche, hat aber auch große Positionen in der Software- oder Arzneimittelbranche. Derzeit sind der US-Getränkehersteller Pepsico oder der Beratungskonzern Accenture stark im Fonds vertreten.

Die Triodos Bank hat für ihre Kunden neben drei Mischfonds, die in Aktien, Staats- und Unternehmensanleihen investieren, drei weitere Eigenprodukte im Angebot, die einen »Impact«-Ansatz verfolgen. Dazu gehört ein Fonds, der Triodos Pioneer Impact Funds (WKN: AORJ38), der gezielt in kleine und mittlere Unternehmen aus Bereichen wie nachhaltige Ernährung und Landwirtschaft oder nachhaltige Mobilität und Infrastruktur investiert. Diese Firmen werden in einem dreistufigen Auswahlprozess ermittelt, in dem etwa Ausschluss-Kriterien abgeprüft werden und sichergestellt wird, dass die Firmen einen Gutteil ihrer Umsätze in den Bereichen Klimaschutz oder Gesundheit erwirtschaften. Der Fonds besteht seit 2007 und verwaltet inzwischen rund 350 Millionen Euro.

Nicht nur Nachhaltigkeitsbanken haben bereits seit vielen Jahren Fonds mit ökologischer, ethischer und sozialer Fokussierung im Angebot. Eine Reihe von Vermögensverwaltern und Fondsgesellschaften verfügen über große Erfahrung bei der Selektion und Überprüfung von Aktien und Anleihen, die diese Kriterien erfüllen.

Nachhaltigkeits-Pioniere

So ist der niederländische Asset-Manager Robeco dem Sustainability-Gedanken bereits seit den frühen 1990er-Jahren verpflichtet und bietet bereits über einen längeren Zeitraum eine ganze Reihe von Produkten am Markt an. In Deutschland erhältlich sind mehr als ein

Dutzend Nachhaltigkeits-Fonds mit unterschiedlichen Schwerpunkten. Ein noch recht junger Fonds ist der Global Gender Equality Impact Equities (WKN: A14ZRE), der seit 2015 besteht. Der Fonds legt eine Reihe von Ausschluss-Kriterien fest, investiert darüber hinaus aber in den globalen Aktienmarkt mit einem Schwerpunkt auf Unternehmen, in denen die Gleichstellung und Gleichbehandlung von Frauen eine große Rolle spielen und die weiblichen Talente in allen Unternehmensebenen bewusst fördern. Der Fonds hält große Positionen in Microsoft- und Mastercard-Aktien, ist aber auch im Kosmetik-Unternehmen Estée Lauder investiert.

Der Frankfurter Vermögensverwalter und Fondsanbieter Acatis hat sich seit vielen Jahren dem Thema Nachhaltigkeit verschrieben. Inzwischen sind ein Aktien-, ein Renten- und ein Mischfonds im Angebot. Acatis filtert für den Aktienfonds Acatis Fair Value Aktien Global (WKN: 964894) ein Aktien-Universum von 2.700 Einzeltiteln nach ESG-Kriterien und eigenen Vorgaben. Dazu gehört auch die Orientierung an den SDG-Zielen der Vereinten Nationen. Darüber hinaus legt das Fondsmanagement die hauseigenen Maßstäbe im Sinne des Value Investing an die Einzeltitel an. Günstig bewertete Aktien mit guten Wachstumsaussichten sollen auf diese Weise ausfindig gemacht werden. Derzeit ist der Fonds, der seit 2004 besteht, mit großen Positionen im Bekleidungshersteller Burberry, im Schweizer Duftstoff-Produzenten Givaudan oder im US-Sportartikel-Hersteller Nike investiert.

Interview: Hendrik Leber, Acatis: »Firmen, die nachhaltige Ziele verfolgen, performen besser als der Durchschnitt.«

Das klassische Value-Konzept und das Thema Nachhaltigkeit passen bestens zusammen, meint Fondsmanager und Acatis-Gründer Hendrik Leber. Seine Aktienauswahl für nachhaltige Fonds erfolgt in einem mehrstufigen Verfahren.

Was war der Grund für Acatis, Nachhaltigkeits-Fonds aufzulegen oder auf Nachhaltigkeit umzustellen?

Hendrik Leber: Ich habe nachhaltige Fonds erstmals um die Jahrtausendwende wahrgenommen, damals hat mich das nicht begeistert. Ein neuer Kollege hat mich dann erst 2009 darauf hingewiesen, dass wir Value, unseren Investmentansatz, mit Nachhaltigkeit verbinden können. Noch im selben Jahr haben wir begonnen, die ersten Fonds umzustellen. Dabei haben wir dann einen Nachhaltigkeits-Prozess aufgesetzt.

Wie sieht dieser Prozess aus?

Hendrik Leber: Zu Beginn unserer Umstellung haben wir unsere Kunden gefragt, was ihnen bei einem nachhaltigen Investment wichtig ist. Darauf aufbauend haben wir ein Kriterien-Set erarbeitet und das an eine externe Rating-Agentur gegeben. Mit den Firmen, die dann herausgefiltert wurden, haben wir dann unsere Fondsportfolios zusammengestellt.

Welche wichtigen Ausschluss-Kriterien legen Sie an Aktien an, damit diese für ein nachhaltiges Investment infrage kommen?

Hendrik Leber: Jeder Investor kommt aus einer anderen Gedankenwelt, daher sind die Regeln, die hier aufgestellt werden, sehr individuell. Wir haben einerseits zwingende Ausschluss-Kriterien wie etwa Kinderarbeit, und zwar auch in der Lieferantenkette. In anderen Bereichen tolerieren wir bestimmte Umsatzschwellen, etwa im Bereich Rüstung oder Alkohol. Wichtig ist uns aber auch, uns Firmen anzuschauen, die sich gerade verändern oder die Produkte herstellen, die für die Nachhaltigkeit relevant sind.

Können Sie einige dieser Positiv-Kriterien nennen?

Hendrik Leber: Für uns sind seit 2015 die nachhaltigen Entwicklungsziele der UN (SDG) hier durchaus maßgebend. Dabei geht es zum Beispiel darum, die Welt gerechter zu machen: Frauen müssen einen größeren Anteil am Erwerbsleben haben; wir müssen das Klima und die Artenvielfalt schützen und vieles mehr. Wir arbeiten sehr gerne mit diesen Zielen, denn Firmen, die diese Ziele verfolgen, sind häufig sehr erfolgreich im Geschäftsleben. Und damit liefern sie den Investoren auch gute Erträge ab.

Wie steht es generell um die Rendite in den Fonds, wenn viele Firmen wegen Ausschlüssen aus dem Anlage-Universum ausgeschlossen werden?

Leber: Sicher verzichtet man, wenn man harte Ausschluss-Kriterien verwendet, erst einmal auf Rendite. Rüstungs- oder Tabakfirmen verdienen viel Geld, entsprechend gut laufen auch deren Aktien. Dafür gibt es wiederum Kriterien, wie die Gleichstellung von Frauen oder Mitarbeiterförderung, die auch an der Börse durchaus eine Mehrrendite bringen.

Wird die Zahl der Firmen, in die Sie »nachhaltig« investieren können, durch eine solche Vorauswahl nicht deutlich kleiner? Ist eine vernünftige Diversifikation so noch möglich?

Leber: Unser gesamtes Aktien-Universum besteht aus rund 2.500 Titeln, wenn man dabei alle grünen Häkchen macht, also all unsere Ausschluss-Kriterien anwendet, dann bleiben 400 Firmen übrig. Damit können wir recht gut arbeiten. Und Firmen, die etwa die UN-Kriterien erfüllen, performen deutlich besser als der breite Durchschnitt.

Wie verträgt sich der Value-Ansatz, den Sie generell im Fondsmanagement verfolgen, mit dem Thema Nachhaltigkeit in der Aktienauswahl?

Hendrik Leber: Wir schauen automatisch bei jeder Bewertung eines Unternehmens und einer Aktie: Was bekomme ich für einen Gegenwert? Und ich bekomme bei solchen Firmen oft einen sehr guten Gegenwert. Er muss aber nicht unbedingt bereits heute da sein. Wir versuchen immer, zukünftige Erträge einzuschätzen. Und wenn ein Unternehmen auf einem Wachstumspfad unterwegs ist und neue innovative Produkte entwickelt, dann stellt sich dieser Gegenwert auch irgendwann ein.

Wie findet ein Privatanleger Aktien, die auf einem solchen Weg im Sinne von Nachhaltigkeit sind?

Hendrik Leber: Wir versuchen immer ein Stück in die Zukunft zu sehen, um dann wieder schrittweise zurückzugehen. Also stellen wir uns die Frage: Werden wir in fünf, sechs Jahren mehr oder weniger Elektroautos haben? Und dann ist die Frage, welche Firmen sind es, die eine künftige größere Nachfrage in einem Bereich befriedigen werden? Im Beispiel: Wer wird die Autos der Zukunft liefern, wer wird in der Zulieferkette sein, wer wird Batterien und Elektronik liefern? So können durchaus auch Privatanleger auf der Suche nach interessanten Aktien vorgehen.

Leitplanken zur Fondsbewertung

Ähnlich wie bei der Suche nach den besten Aktien fürs eigene nachhaltig ausgerichtete Depot stellt sich auch bei der Fondssuche die Frage nach einer sinnvollen Auswahl. Über die Berücksichtigung von ESG-Kennziffern oder Ausschluss-Verfahren hinaus sollten Fonds gewisse Voraussetzungen erfüllen, um für einen Kauf infrage zu kommen.

Grundsätzlich stellt sich die Frage nach dem Fondsalter und dem Volumen an Mitteln, die im Fonds verwaltet werden. Für Finanzprofis sind Ergebnisse eines Fondsprodukts zumeist erst ab einem Zeitraum von drei Jahren und mehr seriös zu beurteilen. Erst dann hat das Fondsmanagement unter Beweis gestellt, bei der Auswahl von Aktien und anderen Wertpapieren ein gutes Gespür zu haben. Aufschlussreich ist bei der Betrachtung der zurückliegenden Jahre auch, wie ein Fonds in hektischen oder schnell fallenden Märkten agiert hat.

Die Höhe des Fondsvolumens hat zunächst keinen Einfluss auf die Güte des Produkts. Bewegen sich die verwalteten Mittel aber im einstelligen oder niedrigen zweistelligen Millionenbereich, kann der Betrieb des Fonds für den Anbieter auf lange Sicht kaum rentabel sein. Die Schließung des Fonds ist hier womöglich die Konsequenz. Zwar kann der Anleger dann natürlich seine Anteile zurückgeben, er muss sich aber auf die Suche nach Alternativen machen.

Die Wertentwicklung oder Performance eines nachhaltigen Fonds ist laut mehreren Studien durchaus vergleichbar mit Produkten ohne starken Fokus auf Umwelt-, Ethik- oder Governance-Belange. Ein zumindest durchschnittlicher Wertzuwachs im Branchenvergleich sollte in puncto Rendite daher ruhig als Maßstab dienen. Schneidet der Fonds über einen mehrjährigen Zeitraum stets schlechter ab als die Konkurrenz, könnte dies ein Verkaufsgrund sein.

Bei einer vergleichbaren Performance haben nachhaltige Fonds oft ein geringeres Risiko; dafür gibt es eine Reihe von Belegen. Nachhaltige Unternehmen sind in der Regel gut gemanagte Firmen, die sich gegenüber der Konkurrenz langfristig behaupten und die Zukunftsthemen wie Umweltschutz oder faire Arbeitsbedingungen ernst nehmen. Für Anleger bedeutet das weniger Schwankungen – bei einzelnen Werten ebenso wie im Fonds insgesamt. Diese Schwankungen, auf Finanzdeutsch Volatilität genannt, sind das allgemein anerkannte Maß für das Risiko eines Finanzproduktes. Die Volatilität gibt an, wie stark ein Fondskurs in einem bestimmten Zeitraum um seinen Mittelwert geschwankt ist.

Setzt man Performance und Volatilität ins Verhältnis, erhält man als Kennzahl die sogenannte Sharpe Ratio, benannt nach ihrem Erfinder, dem Nobelpreisträger William F. Sharpe. Sie ist ein Indikator für den Erfolg eines Fonds. Schafft er es, ein günstiges Verhältnis von Wertzuwachs und Schwankungen im Vergleich zu einem risikolosen Investment wie einer Bundesanleihe zu erreichen, dann liegt der Wert der Shape Ratio über 1. Das höhere Risiko, etwa eines Aktienfonds, das mit höheren Schwankungen einhergeht, ist dann gerechtfertigt. Bei einem kleineren Wert als 1 hat der Fonds das Risiko nicht durch eine entsprechende Mehrrendite verdient. Die Sharpe Ratio macht es möglich, Fonds miteinander zu vergleichen. Hat Fonds A bei gleicher Wertentwicklung eine höhere Sharpe Ratio als Fonds B, dann ist dieser Wertzuwachs mit geringeren Schwankungen erreicht worden, Fonds A ist also die bessere der beiden Fondsalternativen.[55]

Wie ein Fonds in Krisen agiert und reagiert, darüber gibt auch der maximale Verlust, auch Maximum Drawdown genannt, Auskunft. Er gibt die Differenz zwischen dem Höchst- und Tiefststand des Fondskurses in einem bestimmten Zeitraum an. Ein niedriger maximaler Verlust im Vergleich zu anderen Fonds, vor allem gegenüber der Benchmark (meist einem Index), zeigt ebenfalls einen verantwortungsvollen Umgang mit Risiken auf Seiten des Fondsmanagements.

Weder mit Performance noch mit dem Risiko hat die Frage nach der Verwendung der Erträge innerhalb des Fonds zu tun. Und doch kann sie die Entscheidung für oder gegen ein konkretes Produkt mitbestimmen. Denn es gibt zwei Arten, mit Zinsen oder Dividenden umzugehen, welche die Wertpapiere im Fonds abwerfen. Ausschüttende Fonds zahlen diese Erträge in der Regel einmal jährlich an den Eigentümer der Fondsanteile aus. Der Fondspreis reduziert sich dann um den Ausschüttungsbetrag. Bei thesaurierenden Fonds werden die Erträge direkt wieder im Fondsvermögen angelegt.

Rein steuerlich ergibt sich durch die unterschiedliche Vorgehensweise im Fonds für den Anleger kein Vor- oder Nachteil. Auch Erträge, die im Fonds wiederangelegt werden, sind steuerpflichtig. In der Praxis ist es sinnvoll, zu einem ausschüttenden Fonds zu greifen, wenn man regelmäßige Einkünfte aus seinen Kapitalanlagen nutzen möchte. Das empfiehlt sich tendenziell vor allem dann, wenn der Anleger ohnehin, etwa als Ruheständler, in der Entnahmephase ist. Erträge thesaurieren sollten dagegen Anleger, die in der Phase der Vermögensbildung, also der Ansparphase sind. Sie müssten bei Ausschüttungen sonst selbst kleine Beträge immer wieder in den Fondskauf stecken, eine Mühe, die zusätzlich noch mit Kosten für Ausgabeaufschläge und Gebühren für den Wertpapierkauf verbunden ist.

5.5.2. Indexfonds

Der Siegeszug der ETFs ist anscheinend nicht aufzuhalten. Das Kürzel steht für Exchange Traded Funds, also börsengehandelte Fonds und bezeichnet die deutliche Mehrzahl der Indexfonds. Bei Privatanlegern sind ETFs zwar ebenfalls inzwischen stärker gefragt, der Großteil der Investments in die Fonds kommt aber nach wie vor von großen professionellen Anlegern.

Die ersten öffentlichen Indexprodukte wurden Mitte der 1970er-Jahre von John Bogle, dem Gründer der Vermögensverwaltung Vanguard, entwickelt. Bogle war die schwache Performance vieler aktiv gemanagter Fonds gegenüber ihren Benchmarks (Vergleichsindizes) ein Dorn im Auge. Deshalb schuf er mit dem Vanguard-Indexfonds ein neues Produkt, das einfach den US-Leitindex S&P 500 nachbildete. Damit schnitt sein Fonds nicht besser als der Index ab, aber auch nicht schlechter. Die Erkenntnis von Bogle wird durch Studien immer wieder bestätigt: Nur die Minderheit aller Fondsmanager kann ihre Benchmark, also den Vergleichsindex, auf Dauer schlagen. Der Indexanbieter S&P Dow Jones Indices erhebt regelmäßig Vergleichsdaten, die alle die gleichen Ergebnisse liefern: Je länger der Zeithorizont, desto weniger Fonds übertrumpfen den entsprechenden Index. In einem 15-Jahres-Zeitraum bis 2018 waren 83 Prozent der aktiv gemanagten Fonds, die in den globalen Aktienmarkt investierten, schlechter als der Vergleichsindex. Ein Grund dafür dürften die Gebühren für das Fondsmanagement sein, die dem Fondsvermögen Jahr für Jahr entzogen werden und die Performance belasten.[56]

Damit wird die passive Anlage mit Indexprodukten zur ersten Wahl für immer mehr Investoren. Gewinnt etwa der Dax ein Prozent, gewinnt auch ein ETF auf den Dax entsprechend hinzu. Gleiches gilt für Verluste: Immer bewegt sich der ETF möglichst exakt, eben passiv, wie der Index.

Weil die Indexfonds kein echtes Fondsmanagement benötigen, sind sie im Vergleich zur traditionellen Konkurrenz mit nur geringen Gebühren belastet. Ein traditioneller Fonds auf den deutschen Aktienmarkt schlägt mit Gebühren zwischen einem und zwei Prozent jährlich zu Buche. Ein ETF auf den Dax hat Verwaltungsgebühren, die bei 0,1 bis 0,2 Prozent liegen, also gerade einmal einem Zehntel.

Die geringen Kosten und die statistisch bessere Wertentwicklung gegenüber den Konkurrenten mit aktivem Fondsmanagement sind zwei wichtige Argumente für ETFs, aber nicht die einzigen: Durch die

Handelbarkeit der Fondsanteile über die Börse sind die Produkte so schnell liquidierbar wie Aktien, sie können kurz- oder langfristig eingesetzt werden. Wie beim Aktienhandel gibt es außerdem auch beim Handel mit ETFs keinen einmaligen Ausgabeaufschlag.

Die Indexfonds sind zudem sehr transparent. Welche Aktie in welcher Gewichtung in einem ETF enthalten ist, entspricht genau dem Index. Dax-Schwergewicht Siemens ist also entsprechend auch einer der größten Anteile im Dax-ETF.

Nicht zuletzt ermöglichen Indexfonds eine breite Streuung der Geldanlage in nur einem Produkt. Denn nicht nur auf ausgewählte Indizes wie den Dax, die US-Indizes Dow Jones oder S&P 500 sind ETFs erhältlich. Mit einem Indexfonds auf den MSCI World etwa investiert der Käufer mit einem Schlag in mehr als 1.600 Aktien aus derzeit 23 Industrienationen – eine größere Diversifikation ist kaum möglich und in einem aktiv gemanagten Fonds nicht zu leisten.

Indexfonds existieren wie aktiv gemanagte Fonds in den beiden Varianten »ausschüttend« und »thesaurierend«. In der zweiten Variante werden Erträge also automatisch wieder angelegt.

Physische oder synthetische Replikation

Bei ETFs kann der zugrundeliegende Index auf zwei Arten abgebildet, sprich repliziert werden: Bei der physischen Replikation kauft der Fonds die Aktien aus dem zugrundliegenden Index genauso in sein Fondsvermögen ein, wie sie im Index enthalten sind; auch die Gewichtung wird minutiös nachgebildet, sodass der Kurs des ETF sich nahezu exakt so verhält wie der Index selbst. In der synthetischen Variante werden im Unterschied zur physischen Replikation nicht die Aktien des jeweiligen Index gekauft, sondern andere Wertpapiere. Die Wertentwicklung der tatsächlich gekauften Aktien tauscht der ETF-Anbieter dann mit der Wertentwicklung des Index, die ihm eine Partnerbank zusichert. Diese Partnerbank ist damit verpflichtet, dem ETF jederzeit den Wert auszuzahlen, der im Original-

Index steckt. Im Endeffekt entspricht die Wertentwicklung bei ETFs beider Varianten recht exakt der des Index. Synthetische Indexfonds sind günstiger für den Anbieter, denn er spart Gebühren und Aufwendungen, die durch das ständige, exakte Nachbauen von Indizes entstünden. Weil sich für den Anleger aber bei synthetischen ETFs ein höheres Risiko ergibt, etwa im Pleitefall der Partnerbank, verliert diese Replikationsmethode zunehmend an Bedeutung.

Dass ETFs bei Privatanlegern immer noch ein Nischendasein führen, liegt vor allem am Vertrieb von Fondsgesellschaften und Geschäftsbanken. In der Filiale beim Bankberater werden naturgemäß bislang noch immer traditionelle Fonds verkauft, sie bringen dem eigenen Unternehmen Vertriebsprovisionen und dem Fondsanbieter Verwaltungs- und Managementgebühren ein.

Trotz der niedrigen Kosten für die Investoren und damit auch der Margen für die Fondsgesellschaften sind ETFs ein Milliardengeschäft geworden. Die führenden Anbieter sind die US-Vermögensverwalter BlackRock und Vanguard, zu den wichtigen europäischen Playern gehören Lyxor, die ETF-Sparte der französischen Großbank Société Générale, und Xtrackers, die Indexfonds-Sparte der Deutsche-Bank-Tochter DWS.

Ende 2019 überschritt die Summe der in ETFs angelegten Mittel weltweit die Marke von sechs Billionen Dollar. In Europa sind rund eine Billion Dollar in diese Produkte investiert. Das Analysehaus Morningstar geht davon aus, dass sich der europäische ETF-Markt binnen fünf Jahren verdoppeln wird. Und auch der Marktanteil der Indexfonds am gesamten verwalteten Vermögen wird sich noch ausweiten. Derzeit liegt er bei knapp 20 Prozent.

Nachhaltige ETFs stark gefragt

Auch die steigende Nachfrage nach nachhaltigen ETFs wird den Markt der Indexfonds weiter befeuern. Indizes, die kritische Branchen verbannen und gezielt auf Branchen aus dem Sektor erneuerbare Energien, Gesundheit oder Wasserwirtschaft setzen, gibt es entweder bereits, oder sie werden von den großen Indexanbietern eigens dafür geschaffen. Dem Angebot steht eine hohe Nachfrage gegenüber. In Europa wurde erstmals Mitte 2019 ein Mittelzufluss in nachhaltige ETFs registriert, der genauso hoch war wie der in konventionelle ETFs.[57]

Die Index-Emittenten wie die US-Größen MSCI und S&P Dow Jones Indices und Stoxx, Tochter der Deutsche Börse AG, haben bereits eine Vielzahl von Nachhaltigkeit-Indizes geschaffen. Sie dienen den ETF-Anbietern als Basis für ihre Indexfonds. Bei den Nachhaltigkeits-Indizes kommt es aus Anlegersicht wieder darauf an, die Auswahl-Kriterien des Index mit der eigenen Nachhaltigkeits-Perspektive abzugleichen: Werden durch den Index nur bestimmte Branchen ganz oder zum Teil ausgeschlossen, welche sind das? Wird im Index ein Best-in-Class-Ansatz abgebildet, der etwa nach ESG-Kriterien filtert? Nutzt der Index-Anbieter in seiner Logik eine Mischung verschiedener Ansätze oder hat er ein eigenes Nachhaltigkeits-Konzept?

Aufschluss darüber geben im Detail die Index-Anbieter in den Factsheets zu ihren Index-Produkten. In der Regel orientieren sich die Nachhaltigkeits-Indizes an einem bestehenden Basisindex und wenden darüber hinaus eine Reihe von Filtern an. Damit werden die kritischen Branchen ausgeschlossen, Positiv-Kriterien berücksichtigt oder auch ESG-Daten zu den Unternehmen ausgewertet.

Dow Jones Sustainability Index

Einer der ältesten Nachhaltigkeits-Indizes ist der Dow Jones Sustainability Index, den es in der Urform schon seit 1999 gibt und dessen Wertentwicklung in Abbildung 25 zu sehen ist. Inzwischen ist eine ganze Index-Familie mit regionalen und thematischen Schwerpunkten verfügbar. S&P Dow Jones Indices hat inzwischen auch Indizes im Angebot, die explizit das Thema fossile Brennstoffe ausklammern oder ESG-Werte ins Zentrum der Auswahl stellen.

Abbildung 25: Dow Jones Sustainability Index, Quelle: boerse.ARD.de

Per ETF kann man in Deutschland auf zwei Indizes setzen, die den globalen beziehungsweise den europäischen Aktienmarkt abdecken und ein ganzes Aktien-Universum durch ein Nachhaltigkeits-Screening laufen lassen. Ausschluss-Kriterien sind hierbei die Branchen Alkohol, Tabak, Glücksspiel, Pornografie, Waffen und Kernenergie, nicht jedoch fossile Brennstoffe oder Gentechnik.

Neben den Ausschlüssen wendet der Index einen Nachhaltigkeits-Score an, der auf einer ausführlichen Befragung der Unternehmen basiert, dabei arbeitet der Anbieter mit der Schweizer RobecoSAM zusammen. Von den nachhaltigsten Unternehmen werden die 20 Prozent der Aktien mit dem höchsten Börsenwert in den Index aufgenommen. Einmal jährlich wird die Zusammensetzung der Indizes überprüft.

Auf beide Indizes sind in Deutschland ETFs von iShares im Angebot, der Indexfonds-Sparte des US-Vermögensverwalters BlackRock

Der iShares Dow Jones Global Sustainability ETF (WKN: A1H7ZT) enthält mehr als 500 Einzelaktien und ist zu rund 46 Prozent in US-Titeln investiert, Branchenschwerpunkte sind IT, Gesundheit und Finanzen. Zu den größten Positionen gehören die US-Giganten Microsoft und die Google-Muttergesellschaft Alphabet. Auch die Schweizer

Konzerne Nestlé (Konsumgüter) und Novartis (Pharma) sind im Index entsprechend ihrem Börsenwert hoch gewichtet.

In der europäischen Variante, dem iShares Dow Jones Eurozone Sustainability ETF (WKN: A0F5UG), sind ca. 75 Einzelwerte enthalten, darunter die Dax-Konzerne SAP und Siemens, aber auch der französische Ölmulti Total und der spanische Versorger Iberdrola. Beide ETFs sind mit 0,4 Prozent Gebühren jährlich für die europäische Variante und 0,6 Prozent für den globalen ETF teurer als die nicht nachhaltigen ETFs von iShares. Bei der Wertentwicklung können die beiden Produkte dennoch mit vergleichbaren konventionellen ETFs mit gleicher Ausrichtung mithalten. Beide ETFs sind thesaurierend, legen also Erträge automatisch wieder im Fondsvermögen an.

MSCI Indizes

Der zweite große US-Indexanbieter MSCI hat eine ganze Palette von Indizes mit dem Schwerpunkt Nachhaltigkeit erstellt. In viele davon kann man per ETF in Deutschland investieren.

Der international am breitesten aufgestellte MSCI-Index ist der MSCI World Socially Responsible Index. Er investiert nach Anwendung von einigen Ausschluss-Kriterien nach einem Best-in-Class-Ansatz in rund 400 Unternehmen aus 23 Industrienationen. Der Index orientiert sich am wichtigen MSCI World Index und soll mindestens 25 Prozent von dessen Börsenwert abbilden. Der Index hat in den vergangenen Jahren den nicht nachhaltigen Mutterindex sogar leicht hinter sich gelassen. Regionale Indizes mit gleicher Systematik gibt es unter anderem auch für den europäischen und japanischen Aktienmarkt. Auch für den gesamten Bereich der Schwellenländer, der Emerging Markets, sind ETFs auf einen SRI-Index von MSCI im Angebot mehrerer Emittenten.

Einen ETF auf den MSCI World Socially Responsible Index hat die Schweizer Großbank UBS (WKN: A1JA1R) aufgelegt. Er ist, wie der große Bruder, der MSCI World, stark in den USA vertreten. Zu den größten Positionen gehören Aktien der US-Großkonzerne Microsoft, Procter & Gamble und Home Depot. Mit 0,25 Prozent Gebühren jährlich ist dieser ETF vergleichsweise günstig.

MSCI hat aber noch eine ganze Reihe weiterer Indizes im Angebot, die sich für einen Anleger je nach Nachhaltigkeits-Philosophie eignen können. Die MSCI-ESG-Screened-Indizes etwa wurden entwickelt, um möglichst einfach die Branchen Tabak, Waffen, Kohlekraftwerke und Ölsandabbau aus dem Anlagebereich auszuschließen. Auch Firmen, deren Geschäftstätigkeit nicht im Einklang mit den Prinzipien des United Nations Global Compact steht, werden nicht berücksichtigt.

MSCI will mit der Indexfamilie vor allem Großinvestoren erreichen, die bestimmte Anlagerisiken ausschließen möchten. Dafür sind die Produkte sehr günstig. Ein entsprechender ETF auf den europäischen Auswahlindex MSCI Europe (WKN: A2N48D) schlägt mit Gebühren von nur 0,12 Prozent zu Buche.

Einen Ansatz mit deutlich mehr Ausschluss-Kriterien und einem Impact-Investment verfolgt die Indexgruppe »MSCI Select ESG Screening and Trendleaders«. Dabei werden neben den Ausschlüssen Unternehmen mit einem robusten ESG-Profil identifiziert, bei denen auffällige Verbesserungen in Sachen Nachhaltigkeit festzustellen sind.

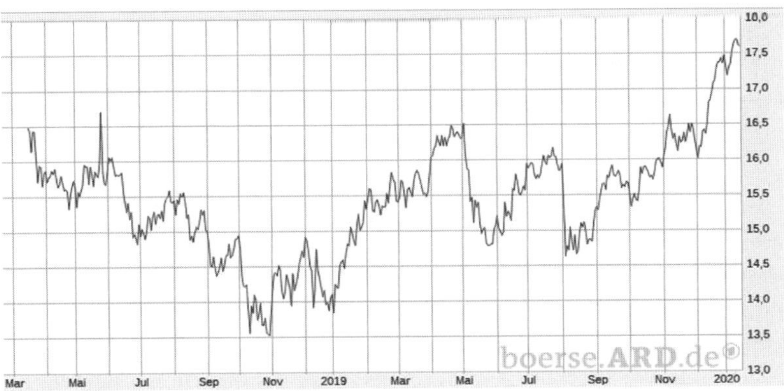

Abbildung 26: Ein ETF auf den MSCI Emerging Markets Index
Quelle: Börse.ARD.de

Ein solcher Index auf Schwellenländeraktien mit rund 400 Einzelaktien, hat den Mutter-Index, den MSCI Emerging Markets (mit etwa 1.200 Titeln), in den vergangenen Jahren deutlich hinter sich gelassen. Mit einem ETF der französischen Lyxor, dem Lyxor MSCI EM ESG Trend Leader (WKN LYX0YG), kann man auf diese Trendsetter setzen. Einen Vergleich der Wertentwicklung dieses Index mit der nicht-nachhaltigen Schwellenländer-Variante zeigt Abbildung 26.

Solactive Indizes

Auch der Frankfurter Index-Anbieter Solactive hat eine Reihe von Nachhaltigkeitsindizes, die es mit ihren Auswahlprozessen durchaus mit den großen Konkurrenten aufnehmen können. Auf den Solactive Sustainable World Index hat der ETF-Manager VanEck einen Indexfonds (WKN: A12HWR) aufgelegt. Der Index enthält 250 Einzeltitel, die gleichgewichtet sind. Diese Gleichgewichtung ist eine Besonderheit bei den Solactive Indizes. Üblicherweise werden Aktien in Indizes nach ihrer Marktkapitalisierung, also ihrem Börsenwert, gewichtet. Solactive sortiert über umfangreiche Ausschluss-Kriterien die nachhaltigsten Firmen heraus. Das Unternehmen nutzt dazu die Research-Daten von ISS-ESG. Grundsätzlich werden nur Unternehmen, die von dieser Research-Agentur einen »Prime Status« erhalten haben, in den Index aufgenommen.

Neben einem weiteren nachhaltigen Aktienindex mit Schwerpunkt Europa hat Solactive auch einen Green-Bond-Index entwickelt. Dieser besteht aus Anleihen mit mindestens guter Bonität (Investment Grade), die von Staaten, multinationalen Unternehmen oder Entwicklungsbanken ausgegeben werden. Nur Green Bonds, die durch die Climate Bonds Initiative als solche klassifiziert und anerkannt sind, werden in den Solactive Green Bond Index aufgenommen. Die Climate Bonds Initiative ist eine gemeinnützige und unabhängige Organisation, die sich um die Förderung von Investitionen in umweltfreundliche und kohlenstoffarme Projekte bemüht.

Für Anleger hat Lyxor Mitte 2017 einen ETF, den Lyxor Green Bond (DR) UCITS ETF (WKN: LYX0WQ), aufgelegt, der den Index zu Kosten von 0,3 Prozent pro Jahr abbildet.

Stoxx Indizes

Im Jahr 2019 hat auch Stoxx, Tochter der Deutschen Börse AG, zwei ESG-Indizes entwickelt, auf die bereits ETF-Produkte erhältlich sind. Auf den Euro Stoxx ESG-X bietet die UBS einen Fonds seit September 2019 an. Dabei werden ebenfalls eine Reihe von Ausschlüssen genutzt und ESG-Daten einbezogen. Zusätzlich werden die zehn Prozent der Unternehmen mit den niedrigsten ESG-Werten ausgeschlossen. Dazu gibt es einen weiteren Index, der neben dem Nachhaltigkeits-Aspekt noch Aktien übergewichtet, die weniger schwankungsanfällig sind (Minimum Variance).

GCX als Indexfonds

Nicht zuletzt ist auch der Global Challenge Index der Börsen Hamburg und Hannover in Form eines Fondsproduktes verfügbar. Seit 2014 ist der Fonds in einer Version für Privatanleger erhältlich, aufgelegt wurde der WI Global Challenges Index-Fonds (WKN: A1T756) von Warburg Invest.

Die Indexunternehmen werden entsprechend ihres Börsenwertes gewichtet. Keine Aktie darf allerdings mit mehr als zehn Prozent des Gesamtindex gewichtet werden.

Der Fonds läuft zwar unter dem Titel Indexfonds, dennoch ist beim Kauf ein Ausgabeaufschlag von fünf Prozent an die Fondsgesellschaft fällig. Alternativ kann der Fonds auch an den Börsen Hamburg, Hannover und Düsseldorf gehandelt werden. Die jährliche Verwaltungsgebühr liegt bei 1,4 Prozent, damit ist der Fonds deutlich teurer als die meisten ETFs.

5.6. Kleine Kredite für die große Welt: Mikrofinanzen

Eine Idee ging in den 1980er-Jahren um die Welt, ausgehend von der Frage: Wie kommen Menschen ohne Kapital in armen Ländern an Mittel, um sich eine Existenz aufzubauen, um Werkzeuge für einen Handwerksbetrieb anzuschaffen, Saatgut für den Acker zu kaufen, einen Ofen für eine kleine Bäckerei oder eine Nähmaschine für eine Schneiderei? Mangels Kreditwürdigkeit haben sie zumeist keinen Zugang zu Kapital, oft haben sie nicht einmal ein eigenes Bankkonto.

Die Lösung sind Mikrokredite: Sie werden in der Regel von sogenannten Mikrofinanzinstituten (MFI) vor Ort vergeben. Im Gegensatz zum klassischen Bankkredit gehen solche Kleinstkredite mit Summen oft im Bereich von 50 bis 500 Dollar auch an Menschen, die keine Bonitätsprüfung erfolgreich durchlaufen würden. Erstaunlich dabei ist: Die Ausfallquote solcher Mikrokredite, also der Anteil nicht erfolgter Rückzahlungen, liegt im niedrigen einstelligen Prozentbereich. Vermeintlich kreditunwürdige Menschen sind also in Wahrheit sehr verlässliche Kreditnehmer.

Die Banken, die diese Kredite vergeben, sind oft staatlich oder von multinationalen Organisationen wie der UN getragen, aber auch von Non-Profit-Organisationen. Die Kirchen engagieren sich ebenfalls bereits seit Jahrzehnten in dieser Form der Entwicklungshilfe.

Der bengalische Wirtschaftswissenschaftler Muhammad Yunus schuf erstmals ein Mikrofinanz-Programm, aus dem 1983 die Grameen Bank hervorging. Yunus und die Grameen Bank erhielten 2006 den Friedensnobelpreis für ihre Bemühungen um die »wirtschaftliche und soziale Entwicklung von unten«.[58]

Mikrokredite sind keine Spende oder Zuwendung ohne Gegenleistung. Die Kreditnehmer müssen neben der Rückzahlung des finanzierten Betrages auch Zinsen an die Mikrofinanzinstitute zahlen. Diese sind teilweise erheblich, das wiederum liegt auch an den hohen Kosten, die die Betreuung der Kreditnehmer erfordert.

Für nachhaltige Anleger in Deutschland bieten sich mehrere Möglichkeiten an, die Mikrokredit-Idee voranzubringen. Sie können ihre Mittel mit dem Ziel eines direkten Impacts auf die Wirtschaft und Gesellschaft in vielen Ländern Afrikas, Asiens oder Lateinamerikas investieren. Diese werden in den kommenden Abschnitten dargestellt.

5.6.1 Oikocredit

Als Investor die Mikrokredit-Idee zu unterstützen, ist beispielsweise möglich durch eine Beteiligung an der Genossenschaft Oikocredit. Das Unternehmen ist einer der Pioniere in Sachen Mikrokredite und wurde bereits 1975 auf Initiative des Ökumenischen Rates der Kirchen in den Niederlanden gegründet, um durch Geldanlagen Entwicklungen in ärmeren Ländern zu fördern.

Oikocredit arbeitet mit einer Vielzahl von Mikrofinanzinstituten und anderen Entwicklungsorganisationen rund um den Globus zusammen. Finanziert werden vor allem Kredite, die eine soziale Wirkung haben und zum Umweltschutz beitragen. Frauen stellen die Mehrheit der Kreditnehmer. Eine CO_2-Reduktion sollen die Projekte beispielsweise dadurch erreichen, dass Haushalte Zugang zu erneuerbaren Energien erhalten. Auch der faire Handel wird durch verschiedene Kreditprojekte unterstützt. Oikocredit hat im Jahr 2019 bei Finanzierungen die Marke von einer Milliarde Euro erreicht.

Der Anleger muss zunächst Genossenschaftsanteile erwerben, um bei Oikocredit mitzuwirken; er wird dazu Mitglied in einem der regionalen Förderkreise. Das ist bereits ab einer Einlage von 200 Euro möglich, was einem Genossenschaftsanteil entspricht. Der Förderkreis kauft mit den Einlagen wiederum Anteile an der Oikocredit U.A. in den Niederlanden. Eine Aufstockung der Anteile ist jederzeit möglich. Die Rückgabe, also der Verkauf der Anteile, kann ebenfalls jederzeit erfolgen. Die Auszahlung dauert je nach Anlagesumme aber bis zu drei Monate. Ein Engagement ist also vor allem für langfristig orientierte Anleger sinnvoll.

Als Rendite auf seine Einlage erhält der Anleger eine Dividende, die einmal jährlich auf der Hauptversammlung in den Niederlanden festgelegt wird. In den vergangenen Jahren lag diese Dividende stets zwischen einem und zwei Prozent. Die Ausschüttung kann automatisch in neue Anteile investiert werden. Sie ist als Ertrag aus einer ausländischen Kapitalanlage zu versteuern.

5.6.2 Mikrofinanzfonds

In Mikrokredite zu investieren das ist seit einigen Jahren auch über Investmentfonds möglich. Hierzulande sind aber nur eine Handvoll solcher Fonds erhältlich.

Trotz der vermeintlich unsicheren Kredite, die tausendfach über die Mikrofinanzinstitute vergeben werden, weisen die Fonds eine in der Regel stetige Wertentwicklung auf, und das bei minimalen Kursschwankungen im Fonds. Das zeigt auch der Branchenindex SMX, wie in Abbildung 27 dargestellt: Das Risiko der Anlage in Mikrofinanzfonds scheint durch die Streuung des Ausfallrisikos über eine große Zahl von Krediten eher klein zu sein.

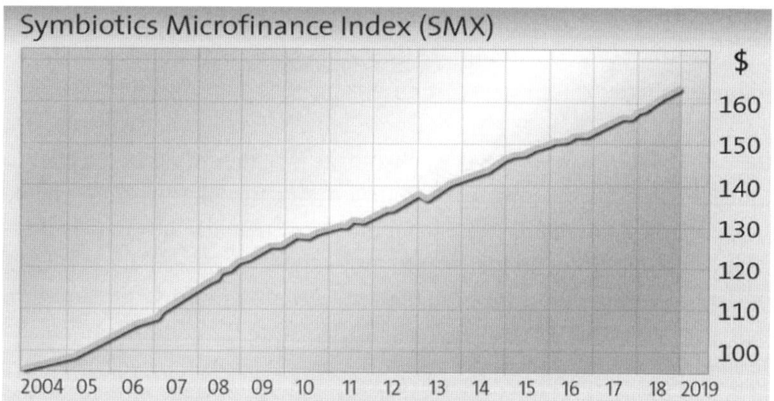

Abbildung 27: Symbiotic Mikrofinanz-Index (SMX), Quelle: boerse.ARD.de

Mikrofinanzfonds korrelieren nicht mit anderen Asset-Klassen. Sie sind also relativ unabhängig von der Entwicklung am Aktien-, Renten- oder Rohstoffmarkt. Damit eignen sie sich, das Gesamtrisiko eines breit aufgestellten Anlageportfolios zu senken.

Unter Rendite-Gesichtspunkten sind Mikrofinanzfonds ein möglicher Ersatz für Staatsanleihen oder Immobilienfonds. Die durchschnittlichen jährlichen Wertzuwächse liegen zwischen einem und zwei Prozent. Für die privaten Investoren dürfte aber die soziale Rendite ebenfalls eine wichtige Rolle beim Investment spielen. Für die vergleichsweise magere finanzielle Rendite sind in erster Linie die hohen Kosten verantwortlich. Der Grund dafür ist der hohe Aufwand bei der Bündelung und Überprüfung zum Teil mehrerer Tausend Einzelkredite. Die Gesamtkostenquote bei den Fonds, die Total Expense Ratio (TER), liegt bei rund zwei Prozent jährlich.

Anteile an Mikrofinanzfonds werden in der Regel nur über die Fondsgesellschaften gehandelt. Eine Rückgabe der Fondsanteile ist je nach Fonds nur quartalsweise, teils aber auch monatlich möglich. Damit werden die Kreditnehmer vor einem schnellen Kapitalabzug durch die Investoren geschützt. Denn durch einen plötzlichen Mittelabfluss könnte die Kreditvergabe behindert werden. Anleger müssen also gewisse Fristen einkalkulieren.

Der Trend zu Mikrofinanzfonds ist seit einigen Jahren mit einer stärkeren Kommerzialisierung des Sektors verbunden. Das kann in einzelnen Ländern oder Regionen zur Überschuldung von Kreditnehmern führen, wie eine Studie der KfW für Kambodscha aufgezeigt hat.

Wer als Anbieter von Mikrokrediten nur auf die Erträge schaut, kann leicht den sozialen Zweck des Projekts aus den Augen verlieren. Anleger sollten sich daher vor einem Kauf eines Mikrofinanzfonds möglichst umfassend über den Emittenten und die Zielrichtung der Mikrokredite informieren.

Bei Fondsprodukten, die auf Mikrokredite aufgelegt werden, arbeiten Spezialisten wie die Schweizer Vermögensverwaltung Blue Orchard zum Beispiel mit der deutschen Förderbank KfW zusammen.

5.6.3 IIV Mikrofinanzfonds

Einen der Pioniere im Mikrofinanzfonds-Bereich gibt es bereits seit 2011, den IIV Mikrofinanzfonds. Der Fonds (WKN: A1H44T) weist seitdem eine stetige, schwankungsarme Wertentwicklung auf. Um das Fondsmanagement des von Hansainvest aufgelegten Produktes kümmert sich die Frankfurter Gesellschaft Invest in Visions. Das Management will nach eigener Aussage aggressives Profitstreben vermeiden und konzentriert sich auf kleine und mittlere Mikrofinanzinstitute aus ländlichen Regionen. Am stärksten ist der Fonds derzeit in Ecuador (14 Prozent) investiert. Weitere Schwerpunkte sind Kirgisistan, Kambodscha, Usbekistan und die Mongolei.

5.6.4 GLS Alternative Investments Mikrofinanzfonds

Die GLS Bank, selbst seit Jahren dem Thema Nachhaltigkeit verpflichtet, hat einen eigenen Mikrofinanzfonds (WKN: A142F2) im Angebot. Um das operative Fondsmanagement kümmert sich die Frankfurt School Financial Services. Sie achtet auch darauf, dass keine Kredite in Regionen vergeben werden, in denen es bereits genug lokale Kreditanbieter gibt. Derzeit ist rund ein Viertel des Fondsvermögens in Europa investiert, weitere Schwerpunkte sind Asien und Südamerika.

5.6.4 KCD-Mikrofinanzfonds-III

Regionale Schwerpunkte des noch recht jungen Fonds (WKN: A12A0Y), der derzeit ein Volumen von 86 Millionen Euro hat, sind Südamerika und Osteuropa. Aber auch in asiatischen Staaten wie zuletzt in Myanmar werden Mikrokredite aus den Fondsmitteln vergeben. Insgesamt hat der Fonds inzwischen Geld an 59 Institute in 29

Ländern vergeben. Gemanagt wird er von der Luxemburger IPC Concept, einem Spezialisten für alternative Investments. Initiator ist die Bank im Bistum Essen.

5.7. Gemeinsam nachhaltig: Crowdinvesting

Viele Investoren tun sich zusammen. Aus kleinen Einzelbeträgen wird eine stattliche Summe. Und gemeinsam ermöglicht ein »Schwarm« von Anlegern den Start eines neuen innovativen Unternehmens. Er hilft einem Mittelständler sein Wachstum zu finanzieren oder macht ein Umweltprojekt in Afrika oder Lateinamerika möglich.

Crowdinvesting hat sich in den vergangenen Jahren als alternative Finanzierungsquelle für viele Startup-Gründer oder kleinere Unternehmen etabliert. Im Jahr 2018 wurden laut der Branchenplattform crowdinvest.de rund 300 Millionen Euro in Deutschland über Crowdinvesting-Plattformen eingesammelt. Das Wachstum gegenüber dem Vorjahr lag bei 50 Prozent und entsprach allein knapp der Hälfte der gesamten Investitionen in den vergangen sieben Jahren. Ende 2019 hat die Gesamtsumme des Investitionsvolumen seit 2011 die Schwelle von einer Milliarde Euro erreicht, wie Abbildung 28 zeigt.[59]

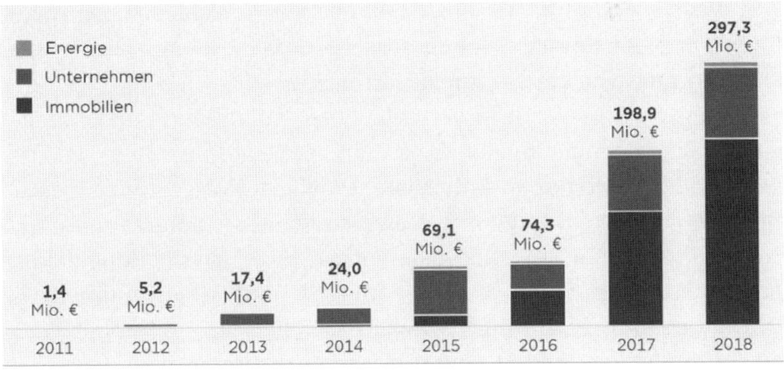

Abbildung 28: Crowdinvesting in Deutschland, Quelle: crowdfunding.de

Mehrere Dutzend Crowdinvesting-Plattformen geben Unternehmen oder Projektentwicklern die Möglichkeit, sich und ihre Geschäftsidee vorzustellen und Investoren dafür zu finden. Projekte mit Nachhaltigkeits-Charakter finden sich auf fast allen Portalen. Eine Reihe von Anbietern ist aber sogar spezialisiert auf ökologische oder soziale Investments. Noch machen Energie- und Umweltprojekte nur einen kleinen Teil des gesamten Crowdinvesting-Marktes aus. Der Anteil wächst aber stetig.

5.7.1 Spielregeln beim Crowdinvesting

Im Gegensatz zum Crowdfunding, bei dem Geldgeber eine Geschäftsidee oder ein Projekt aus Überzeugung unterstützen, in der Regel ohne dafür eine finanzielle Gegenleistung zu erwarten, ist Crowdinvesting eine Beteiligung an einem Unternehmen oder Projekt mit einem finanziellen Interesse. Abbildung 29 zeigt in groben Zügen das Prinzip des Crowdinvestings.

Zunächst stellt sich ein Unternehmen bei einer Plattform mit seinem Vorhaben vor. Diese prüft idealerweise die vorgelegten Unterlagen und gibt dem Anbieter die Möglichkeit, dieses Vorhaben detailliert zu präsentieren. Dabei wird eine Funding-Schwelle festgelegt. Erst wenn die Summe der Einzelbeiträge von verschiedensten Investoren einen bestimmten Betrag erreichen, ist die Finanzierung gesichert und das Projekt kann realisiert werden.

Anleger können sich in verschiedenen Varianten finanziell engagieren. Entweder sie fungieren als Gläubiger eines nachrangigen Darlehens oder sie erwerben Anteile am jeweiligen Unternehmen, das sie finanzieren. Als Gläubiger erhalten sie neben einer Rückzahlung zu einem bestimmten Zeitpunkt eine vorher festgelegte Rendite, die üblicherweise jährlich ausgezahlt wird. Mit den Miteigentümern ist häufig ebenfalls eine festgelegte jährliche Rendite vereinbart. Nach einem erfolgreichen Start sind die Crowdinvestoren dann aber auch am möglichen Verkaufserlös eines Unternehmens beteiligt.

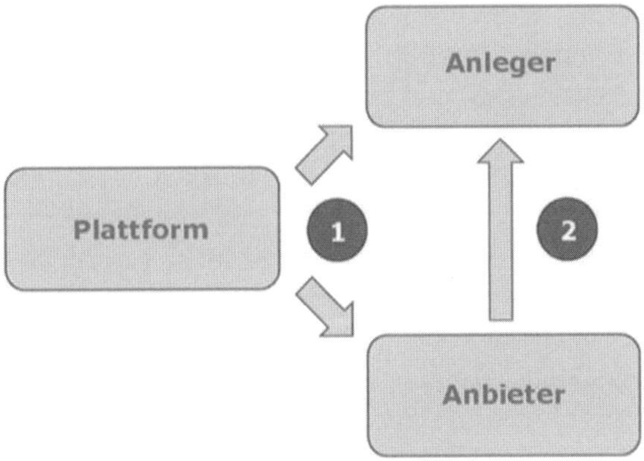

Abbildung 29: Wie funktioniert Crowdinvesting? Quelle: BaFin

Crowdinvesting ist Teil des sogenannten grauen Kapitalmarkts, das heißt, die Plattformen sind nicht wie Banken, Fondsgesellschaften oder Emittenten anderer Wertpapiere durch die Aufsicht BaFin (Bundesanstalt für Finanzdienstleistungsaufsicht) eng reguliert und überwacht. Dennoch sind die Plattformen, aber auch die Unternehmen, die eine Crowdfinanzierung anstreben, erlaubnispflichtig. Dabei spielen verschiedene gesetzliche Grundlagen eine Rolle. Betreibt der Anbieter etwa ein Einlagengeschäft, kommen Bestimmungen des Kreditwesengesetzes (KWG) in Betracht. Leitet er Gelder an die Anbieter weiter, kann das Zahlungsdiensteaufsichtsgesetz (ZAG) zum Tragen kommen.[60]

Durch das Kleinanlegerschutzgesetz wurde 2015 ein gewisser rechtlicher Rahmen für den Bereich des Crowdinvesting geschaffen. Er soll Anleger schützen und zu mehr Transparenz beitragen. Seitdem müssen die Plattformen, beziehungsweise die Projektverantwortlichen ab einer Finanzierungssumme von 2,4 Millionen Euro einen Vermögensanlageprospekt bei der BaFin einreichen. Außerdem müssen Anleger eine Selbstauskunft über ihr Vermögen geben, wenn sie mehr als 1.000 Euro über Crowdinvesting investieren wollen. Dazu ist der Nachweis eines liquiden Vermögens von mindestens

100.000 Euro erforderlich. Pro Person dürfen zudem nicht mehr als 10.000 Euro in ein Investment gesteckt werden.

Für jedes der Finanzierungs-Projekte müssen die Plattformen eine Art »Beipackzettel« erstellen. Das Vermögensanlagen-Informationsblatt (VIB) muss Angaben enthalten, z. B. über die Art der Vermögensanlage, die Anlagestrategie, die Laufzeit und Kündigungsfrist, die Konditionen der Zins- und Rückzahlung und nicht zuletzt über die Risiken, die mit der Vermögensanlage verbunden sind.[61]

Vor allem diese Risiken sollte der Anleger nicht aus den Augen verlieren. Einige Pleiten und Zahlungsausfälle im Millionenbereich haben dies in den vergangenen Jahren deutlich gemacht: Scheitert ein Projekt oder stellt sich das Geschäftsmodell des jeweiligen Unternehmens als nicht tragfähig heraus, dann kann das Investment im Totalverlust enden.

Das Risiko wird durch teils recht hohe mögliche Renditen bei einzelnen Crowdprojekten kompensiert. Allzu üppige Zinsversprechen sollten aber eher zur Vorsicht mahnen. Um außerdem das Gesamtrisiko zu streuen, sollten Privatanleger ihre Mittel möglichst auf mehrere Crowd-Projekte verteilen, Investments sind oft schon ab 50 oder 100 Euro möglich.

Auch den Faktor »Liquidität« sollte man bei seinen Crowd-Engagements beachten. Die Laufzeit vieler Projekte beträgt mehrere Jahre, das Kapital bleibt entsprechend lange gebunden, Anteile können während der Laufzeit nicht zurückgegeben werden.

Vor der Investition sollte sich der Anleger genau über das Projekt, in das er investieren will, informieren und die zur Verfügung stehenden Unterlagen durcharbeiten. Bei der nachhaltigen Crowdanlage spielen neben finanziellen Details auch spezielle Fragen nach dem Impact des Projekts eine Rolle: Inwiefern ist das Vorhaben wirksam im Hinblick auf Umweltschutz oder die Reduzierung von CO_2-Emissionen?

Über die jeweilige Plattform, der man sein Geld über nachhaltige Crowdinvesting-Projekte anvertraut, sollte man Informationen sammeln. Wie lange besteht die jeweilige Plattform, welche und wie viele nachhaltige Projekte wurden darüber erfolgreich finanziert?

Werden die Geschäftsberichte der Plattform selbst von Wirtschaftsprüfern unter die Lupe genommen? Wie prüft die Plattform die Projektanbieter? Wie informiert sie während der Laufzeit der Vorhaben? Nicht zuletzt: Wie wird das Scheitern einzelner Projekte aufgearbeitet und erläutert?

Eine gewisse Hilfe bei der Auswahl der geeigneten Plattform liefert auch das Transparenzsiegel des Crowdfunding-Verbandes. Dieser vergibt das Siegel alljährlich, wenn die Betreiber bestimmte Informationen zur Verfügung stellen und sich verpflichten, bestimmte Leitlinien zur Berichtspflicht einzuhalten.[62]

5.7.2 Bettervest

Eine der Plattformen, die ein solches Siegel erhalten haben, ist Bettervest. Das Unternehmen mit Sitz in Frankfurt am Main ist ein Pionier in Sachen Crowdinvesting mit nachhaltigen Zielen. Gegründet wurde Bettervest 2012. Die Plattform hat seitdem etwa 90 Projekte abgeschlossen und dabei rund 13 Millionen Euro an Mitteln mobilisiert.

Ende 2019 befanden sich sieben Projekte davon allerdings im Insolvenzverfahren. Der durchschnittlichen Rendite von mehr als sieben Prozent stand also stets auch ein nennenswertes Risiko gegenüber. Die Laufzeiten für die Investments liegen üblicherweise zwischen fünf und sieben Jahren. Die Mindestinvestitionssumme liegt bei 250 Euro. Bei Bettervest können Anleger sich über Nachrangdarlehen und seit kurzem auch über den Kauf von Anleihen an der Finanzierung der Projekte beteiligen. Letztere sind prinzipiell etwas besser abgesichert. Die Projekte werden auf der Internetseite umfangreich mit allen wichtigen Dokumenten und auch per Video vorgestellt. Während der Laufzeit erhalten Investoren aktuelle Informationen zum Projektverlauf.

Bettervest hat sich von Beginn an vor allem der Finanzierung von Projekten verschrieben, die erneuerbare Energien voranbringen, den CO_2-Ausstoß verringern und gleichzeitig eine möglichst vielfältige Wirkung auf die Wirtschaft und Gesellschaft in weniger entwickelten

Regionen Afrikas, Asiens und Lateinamerika haben. Beispiele für Projekte sind klimafreundliche Kochherde für Familien in Kenia oder ein Minigrid (kleines Solarmodul) zur umweltfreundlichen Stromerzeugung für eine Gemeinde in Madagaskar.

Die firmeneigene Ethics Policy beschreibt das Auswahlverfahren bei der Projektanbahnung und die SDG-Ziele der UN, auf die sich die Vorhaben beziehen sollen. Dazu gehören neben der Förderung erneuerbarer Energien auch die Bekämpfung der Ungleichheit und die Gleichstellung der Geschlechter.

5.7.3 WiWin

Einen klaren Fokus auf erneuerbare Energien hat auch die Stuttgarter WiWin gelegt. Das Unternehmen ist seit 2016 mit seiner Online-Plattform aktiv, das Vorgänger-Unternehmen Juwi Invest vermittelte aber schon einige Jahre zuvor Finanzierungen für Windkraftwerke und Solarprojekte. Der Fokus liegt regional im deutschsprachigen Raum.

Alle bisher abgeschlossenen Finanzierungen im Volumen von insgesamt 59 Millionen Euro konnten erfolgreich zurückgezahlt werden. Die Rendite der über zwei bis sieben Jahre laufenden Finanzierungen liegt üblicherweise bei 2,5 bis sechs Prozent. Investoren geben dem jeweiligen Projekt je nach Ausgestaltung ein Nachrangdarlehen oder sie kaufen eine Anleihe. WiWin agiert unter dem Haftungsdach eines Finanzdienstleisters, der Effekta GmbH. Die Mindestanlagesumme liegt bei 500 Euro.

Bei der Auswahl der infrage kommenden Projekte oder Unternehmen nutzt WiWin einen Kriterienkatalog des Forums Nachhaltige Geldanlage (FNG). Ausgeschlossen sind damit die üblichen Branchen wie Atomkraft, Gentechnik und fossile Energien. Positiv-Kriterien sind neben Klimaschutz auch Energieeffizienz und nachhaltige Immobilien oder ökologische Landwirtschaft.

Auch bei WiWin werden alle Projekte mit Dokumentation per Projektvideo vorgestellt. Dazu gehört zum Beispiel ein Windpark im rheinland-pfälzischen Donnersbergkreis oder eine energetische Gebäudesanierung in Sachsen. Auch Startup-Ideen erhalten die Chance auf eine Finanzierung, dazu gehört zum Beispiel ein Unternehmen, das Handtaschen aus »veganem Leder« entwickelt hat. Oder ein Gründerteam, das einen essbaren Eislöffel aus organischen Reststoffen vermarken will.

Neben Crowdinvesting-Anbietern, die auf ökologische oder soziale Projekte spezialisiert sind, finden sich auch Projekte mit nachhaltigem Anspruch auf anderen bekannten Crowdinvesting-Plattformen. Dazu gehört etwa Exporo, ein Anbieter, der sich auf Immobilien-Finanzierungen spezialisiert hat. Dort kann in Neubauprojekte oder Bestandsimmobilien investiert werden, die hohe energetische Standards haben. Clevere Geschäftsideen, die für Umweltschutz, Gesundheit oder nachhaltigen Konsum relevant sind, werden ebenso durch die marktführenden Crowdinvesting-Unternehmen wie Seedmatch, Kickstarter oder Companisto vermittelt und finanziert. Auch hier können kleine Beträge investiert werden – wahlweise über Darlehen oder Anleihen.

Interview: Bettervest-Gründer Evgenij Terehov: »Es geht darum, etwas zurückzugeben.«

Solarpanels und Kochherde in Afrika oder Asien: Für diese und ähnliche Projekte mobilisiert die digitale Investitions-Plattform bettervest Mittel von Privatanlegern. So können Anleger mit ihren Investments zur Reduktion von CO_2-Emissionen und zum Umweltschutz beitragen, aber auch zur Verbesserung der Lebensbedingungen vor Ort.

Wie kam es zur Idee, nachhaltige Projekte per Crowdinvesting zu unterstützen?

Evgenij Terehov: Das Team hat sich bei einem Startup-Weekend 2012 in Frankfurt gefunden. Unser Gründer, der Zukunftsforscher Patrick Mijnals, war von der Idee des Crowdfundings begeistert. Darauf aufmerksam wurde er, weil er davon erfahren hatte, dass mittels Crowdfunding eine Südseeinsel finanziert wurde. So kam er auch auf die Idee, über diese Finanzierungsform etwas Nachhaltiges zu tun. Wir haben damals mit bettervest den Ideenwettbewerb gewonnen und anschließend gemeinsam das Unternehmen gegründet. Dabei ging es uns immer darum, ein Unternehmen aufzubauen, mit dem wir gemeinsam etwas bewegen können.

Was ist der Zweck von bettervest?

Evgenij Terehov: Der Zweck hat sich im Lauf der vergangenen Jahre ein wenig gewandelt. Zur Zeit der Gründung hatten wir uns vor allem Projekten verschrieben, mit denen die Energieeffizienz in Deutschland gesteigert werden sollte. Nach und nach haben wir gemerkt, dass der Impact, den man gemeinsam in anderen Ländern erreichen kann, zum Beispiel in Afrika, sehr viel größer ist als bei uns. Daher vermitteln wir inzwischen Projekte in Asien, Südamerika und auch Europa.

Wie sehen solche Projekte konkret aus?

Evgenij Terehov: Die oberste Prämisse unserer Projekte war immer, CO_2 zu sparen. Zukünftig wollen wir uns auch stärker an den Sustainable Development Goals, kurz SDG, der UN orientieren. Alle Projekte müssen gewissermaßen einen ökologischen Fußabdruck haben, idealerweise außerdem eine soziale Wirkung. Oft erhalten durch solche Projekte Menschen erstmals Zugang zu Strom. Beispiel: In Afrika muss ein Kind, wenn es von der Schule kommt, erst einmal den Eltern helfen. Dann kann es aber seine Schularbeiten abends nicht mehr machen, weil es kein elektrisches Licht gibt. Das heißt, mit den Projekten auf bettervest wird nicht nur sauberer Strom für Menschen vor Ort zugänglich und bezahlbar gemacht, sondern auch der Zugang zu Bildung erleichtert.

Warum kann man solche Projekte nicht ebenso über Crowdfunding, also gesammelte Spenden, finanzieren?

Evgenij Terehov: Unsere Idee war immer, dass wir in diesen Ländern wirklich auch Geschäfte auf Augenhöhe machen. Es geht uns darum, funktionierende Geschäftsmodelle vor Ort zu unterstützen. Wir nennen das auch gerne Entwicklungshilfe 2.0, weil es eine Hilfe zur Selbsthilfe ist und den Unternehmen vor Ort damit eine echte wirtschaftliche Chance ermöglicht wird. Deshalb sehen wir Crowdinvesting als zukunftsfähige Lösung an und jeder Investor soll für das Risiko, das er oder sie eingeht, auch einen Ausgleich in Form einer Rendite erhalten.

Wie gehe ich als Investor vor, wenn ich an einem solchen Projekt teilnehmen will?

Evgenij Terehov: Alle unsere Prozesse werden komplett über die Online-Plattform abgebildet. Dort kann man sich registrieren und dann ab einem Betrag von 250 Euro in Projekte investieren. Die Projekte stellen sich auf unserer Plattform vor, informieren auch über Risiken und Chancen, und auch über den Impact, den sie erzielen. In der Regel wird dort auch ein Interview mit den Projektbeteiligten vor Ort gezeigt. Es ist immer ratsam, Geld auf mehrere Projekte aufzuteilen, um das Risiko zu streuen.

Wie hoch sind die Risiken bei einem solchen Investment?

Evgenij Terehov: Es kann durchaus auch zu einem Totalausfall kommen, darüber sollte man sich als Investor immer im Klaren sein. Wir berichten detailliert über Projekte, wie sie umgesetzt wurden, und auch, wenn eines der Projekte einmal gescheitert ist oder es zu Problemen gekommen ist. Die Gründe dafür werden den Anlegern erläutert, etwa wenn Produkte im Zoll hängen geblieben sind oder Korruption aufgetreten ist. Und wegen der hohen Risiken steht den Projekten auch ein hoher Zins gegenüber.

Über welche Wege finden Sie Projekte, die per Crowd finanziert werden können?

Evgenij Terehov: Da wir mit bettervest schon seit vielen Jahren am Markt sind, haben wir uns mittlerweile einen Bekanntheitsgrad in der Branche aufgebaut. So arbeiten wir beispielsweise mit der Entwicklungshilfe-Organisation GIZ (Gesellschaft für Internationale Zusammenarbeit) zusammen. Unsere Mitarbeiter sind außerdem in vielen der Länder vernetzt, in denen wir Projekte vermitteln. Inzwischen kommen auch viele Projektpartner auf uns zu, und dann schaut man gemeinsam, ob man etwas realisieren kann.

Werden die laufenden Projekte von bettervest überwacht?

Evgenij Terehov: Über die Laufzeit geben wir den Anlegern regelmäßig Updates. Wir stehen mit den Projektinhabern vor Ort in Kontakt und schauen auch, wenn es Probleme gibt, wie wir unterstützen können.

5.8. Wald, Wind, Sonne: Direktinvestments

Rendite mit Solar- oder Windparks, Holzplantagen oder »grünen« Gebäuden. Der Weg erscheint einfach und logisch. In vielen Fällen muss der Anleger nicht über die Börse, eine Bank oder eine Fondsgesellschaft ein Wertpapier kaufen, sondern er investiert direkt in Projekte, die er für ökologisch oder auch sozial sinnvoll und förderungswürdig hält.

Lohnen kann sich das auch noch, das legen zumindest die Renditeversprechen vieler Anbieter von Direktinvestments im Bereich Umwelt nahe. Beworbene Zinsen oder Renditen im hohen einstelligen oder gar zweistelligen Prozentbereich haben viele tausend Kleinanleger in den vergangenen Jahren in verschiedene Projekte gelockt und dann in einigen Fällen um einen Großteil ihrer Ersparnisse gebracht.

Als Beispiele dafür können die Insolvenz des Windparkbetreibers Prokon im Jahr 2014 oder die Pleite des Container-Investment-Anbieters P&R 2018 dienen. In beiden Fällen gingen Millionen an Anlegergeldern verloren.[63]

5.8.1 Risiken und Fallstricke

Direktinvestments gehören zum grauen Kapitalmarkt. Die Anbieter werden also nicht wie Banken, Versicherungen oder andere Finanzdienstleister von der Finanzaufsicht kontrolliert. Die Bundesanstalt für Finanzdienstleistungsaufsicht (BaFin) ist zwar seit 2015 auch für den Verbraucherschutz in Deutschland zuständig. Doch die Behörde kann lediglich die öffentlichen Unterlagen der Anbieter von Waldplantagen oder Solarparks in Augenschein nehmen, nicht jedoch deren Geschäftsmodell prüfen. Auch kann sie, wie es BaFin-Chef Felix Hufeld formulierte, nicht prüfen, ob der »Biowald in Südamerika« wirklich existiert.

Rechtlich fallen Direktinvestments unter das Vermögensanlagegesetz (VermAnlG). 2018 wurden die Vorschriften im Sinne der Verbraucher weiter konkretisiert. Seitdem sind Anbieter von Direktinvestments verpflichtet, Verkaufsprospekte nach bestimmten Regeln zu erstellen. Sie müssen vor möglichen Risiken warnen und dem Anleger den Rückkauf seiner Anteile vertraglich zusichern. Genossenschaften sind allerdings nicht dem Gesetz unterstellt.

Die BaFin wie auch die Verbraucherzentralen warnen seit Jahren vor den hohen Risiken bei Direktinvestments, vor allem für unerfahrene Anleger.[61]

Bei einem Direktinvestment wird der Anleger in der Regel Miteigentümer eines Projekts, also eines bereits bestehenden oder entstehenden Wind- oder Solarparks, einer Immobilie oder auch einer Waldplantage.

Die Rendite entsteht dann, oft nach mehreren Jahren Anlaufzeit, über eingespielte Erlöse: Durch die Erzeugung und den Verkauf von Strom, durch Mieteinnahmen oder durch den Verkauf des nachgewachsenen Rohstoffes Holz. Nach Ablauf einer vorher vereinbarten Vertragslaufzeit werden dann die Anteile wieder verkauft, natürlich möglichst ohne einen Verlust gegenüber dem Kaufpreis.

Allerdings ist weder die Rendite während der Laufzeit noch der Verkauf der Anteile am Ende des Engagements garantiert. Ist das Solar- oder Windkraftunternehmen schlecht gemanagt, wird am Bedarf vorbei produziert. Auch bei Waldprojekten und Holzplantagen existieren Risiken: Wächst der projektierte Wald nicht wie geplant, dann kann dies zum Totalverlust führen. Mögliche Zusatzkosten können ebenfalls während der Vertragslaufzeit auf den neuen Eigentümer zukommen. Oft wird ein Dienstleistungsvertrag abgeschlossen, der etwa die Wartung von Anlagen regelt.

Die Haftungsrisiken können im Einzelfall aber sogar über den Einsatz des Anlegers hinaus gehen. Als Miteigentümer wird er unter Umständen zu Nachschusszahlungen verpflichtet, die ihn zumeist überraschend treffen.

Gerade solche Haftungsrisiken werden in den Unterlagen der Anbieter oft verschleiert oder heruntergespielt. Für Interessenten ist das Durcharbeiten der Verkaufsprospekte oder der Vermögensanlagen-Informationsblätter (VIB) daher eine wichtige Voraussetzung, um eine Entscheidung für oder gegen ein Direktinvestment zu treffen. Vor allem Warnhinweise sollten ernst genommen werden, fehlen solche Hinweise, ist dies ein Grund, misstrauisch zu werden.

Bevor eine Entscheidung für ein solches Investment getroffen wird, sollten offene Fragen stets zufriedenstellend mit dem Anbieter geklärt worden sein. Beratend können auch Experten wie die von der Verbraucherzentrale zur Seite stehen, bevor das Geld wirklich angelegt wird. Wegen der langen Laufzeiten, der teils unsicheren Ertragslage und der vagen Aussicht auf eine Rückzahlung des Einsatzes sollten zudem in jedem Fall allenfalls kleinere Teile des verfügbaren Vermögens in Direktinvestments gesteckt werden.

5.8.2 Waldinvestments

In Bäume zu investieren, das klingt verlockend. Schließlich kann man die CO_2-Bilanz des Planeten und den eigenen ökologischen Fußabdruck damit prinzipiell verbessern. Waldinvestments haben eine durchaus lange, aber auch wechselvolle Geschichte. Anbieter wie Frankfurt Green Planet oder die Lignum Sachwert Edelholz AG sorgten mit ihren Pleiten für Aufsehen, die noch heute Anwälte und Geschädigte beschäftigen. Einer kritischen Prüfung der Stiftung Warentest Anfang 2018 hielt keiner der sieben untersuchten Anbieter von Walddirektinvestments stand, darunter auch Marktführer wie ForestFinance oder Miller Forest. Die Benotung »Mangelhaft« begründeten die Tester unter anderem damit, dass es keiner der Firmen gelungen sei, ihr Projekt nachvollziehbar darzulegen. Die beiden genannten Unternehmen haben jedoch die vorgeschriebenen Verkaufsprospekte und Vermögensinformationsblätter durch die BaFin prüfen lassen.[65]

Forest Finance wurde 1995 gegründet und hat seitdem nach eigenen Angaben rund zehn Millionen Bäume gepflanzt und dafür rund 90 Millionen Euro an Anlegergeldern eingesammelt. Plantagen werden zum Beispiel in Panama, Kolumbien oder Vietnam betrieben. Zuletzt wurde ein Projekt zur Anpflanzung von Dattelpalmen und Olivenbäumen in Marokko gestartet. Erlöse sollen dabei durch den Verkauf der Oliven an örtliche Ölmühlen erzielt werden. Die Laufzeit liegt bei sechs Jahren. Auch die Anpflanzung und Bewirtschaftung eines Kakaobaum-Waldes in Panama bietet das Unternehmen an. Regelmäßige Erträge sollen hier durch den Verkauf von Edelkakao-Bohnen erzielt werden. Die Laufzeit liegt ebenfalls bei sechs Jahren, eine Rendite von fünf Prozent jährlich wird in Aussicht gestellt, aber nicht garantiert. Die Mindesteinstiegssumme liegt bei 3.000 Euro.

Bei Miller Forest werden Renditen zwischen vier und acht Prozent jährlich als möglich bezeichnet. Das Unternehmen aus Schlier in Baden-Württemberg hat sich auf den Verkauf von Pacht- und Besitzverträgen von Waldstücken in Paraguay spezialisiert. Dort wurden nach eigenen Angaben seit 2006 rund zwölf Millionen Bäume gepflanzt und 12.000 Hektar Brach- und Weideland aufgeforstet.

Pachtverträge haben Laufzeiten von sechs, zwölf oder 18 Jahren, beim Kauf wird man Waldbesitzer und schließt außerdem einen Dienstleistungsvertrag ab. Rückflüsse aus dem Investment werden hier nach sechs, sieben, zwölf und 18 Jahren in Aussicht gestellt. Die Einstiegshürde für Anleger liegt bei mindestens 968 Euro, bei einigen Produkten aber sogar im mittleren fünfstelligen Euro-Bereich.

5.8.3 Rendite aus Strom mit Solar- und Windparks

Renditen von vier, fünf oder mehr Prozent versprechen Investitionen in bereits bestehende oder geplante Projekte, mit denen regenerative Energien erzeugt werden. Prinzipiell entstehen die regelmäßigen Ausschüttungen an die Mitbesitzer der Anlagen durch die Erlöse aus der Einspeisung von Strom in das Stromnetz.

Beteiligungen sind in Deutschland und weit darüber hinaus möglich. In einigen Kommunen oder Landkreisen können sich Bürger beispielsweise an der Solaranlage der eigenen Gebietskörperschaft beteiligen. Dabei sind oft regionale Energieanbieter die Träger des Projekts.

Mehrere Formen der Beteiligung sind hier bei den Anbietern möglich. Neben der direkten Beteiligung an einzelnen Kraftwerken werden nachrangige Darlehen als Einstiegsmöglichkeit angeboten. Auch Alternative Investmentfonds (AIF) werden dazu genutzt, Anlegermittel einzusammeln. Dabei werden allerdings nicht wie bei üblichen Fondskonstruktionen Wertpapiere ausgegeben, sondern die Mittel werden für ein oder mehrere Projekte »gepoolt«.

Generell sind Solar- und Windprojekte aus Anlegersicht mit einem langjährigen Engagement von mindestens fünf bis zehn Jahren verbunden. Die Ausschüttungen fließen gemäß den Anbietern der Parks oder Bauvorhaben kontinuierlich in gleicher Höhe. Es gibt auch Projekte mit einem Stufenzinsmechanismus. Die Mindestanlagesummen liegen zumeist bei 5.000 bis 10.000 Euro.

Die Auszahlungen, darauf weisen die Anbieter auch hin, können kleiner ausfallen oder auch ganz ausbleiben, eine Garantie gibt es nicht. Ein vorzeitiger Verkauf der Direktbeteiligungen vor Ablauf der

Vertragsbindung ist nicht vorgesehen, und auch die AIF-Fonds können mangels geregeltem Handel der Anteile nur schwer und unter Umständen nur mit Verlusten verkauft werden. Die Gründe für Renditen, die unter den Erwartungen bleiben, können vielfältig sein. Die politischen Rahmenbedingungen können sich ändern: In Deutschland aber auch in anderen Ländern. Planungsfehler, technische Defekte oder einfach ungünstiges Wetter können Sonnen- und Windstromerträge schmälern oder komplett vereiteln. Ein Totalverlust ist nie ausgeschlossen.

Ein beispielhaftes Bürgerbeteiligungs-Projekt, bei dem bis Anfang 2020 Interessierte über die Crowdinvesting-Plattform Auditcapital Beträge ab 250 Euro beisteuern konnten, ist das Bürgerwindprojekt Dörentrup in Nordrhein-Westfalen. Bei fünf Jahren Laufzeit wird hier eine jährliche Rendite von 3,5 Prozent erwartet. Die Bürgerenergiegenossenschaft Dörentrup wollte zwischen 250.000 und 500.000 Euro einsammeln, um eine Windkraftanlage zu erstellen, die 3.600 Haushalte mit sauberem Strom versorgen soll.

In einer anderen Kategorie spielt sich ein Solar-Investment in den HEP Solar Portfolio Fonds 1 ab, und das in mehrfacher Hinsicht. Der alternative Investmentfonds investiert in mehrere Projekte in Asien und den USA, kann aber seine Aktivitäten auch auf Europa und Japan ausdehnen.

Mit den eingeworbenen Geldern kauft der Fonds einzelne Solarprojekte und partizipiert im Regelfall an langfristigen Lieferverträgen mit Unternehmen oder anderen Großabnehmern.

Die Laufzeit des Projekts liegt bei 21 Jahren. In dieser Zeit soll eine Gesamtrendite von 213 Prozent erwirtschaftet werden. In den meisten Jahren liegt sie bei sechs Prozent jährlich. Hinter dem Fondsprojekt steht das Emissionshaus HEP, das bereits seit gut zehn Jahren im Bereich erneuerbarer Energien im Projektgeschäft tätig ist.

Einen Überblick über laufende oder neu gestartete Projekte gibt das Fachmagazin »ECOreporter« auf seinen Internetseiten. Dort werden auch umfassende Anlagechecks für Wind-, und Solarprojekte durchgeführt.[66]

Interview: Katharina Lawrence, Verbraucherzentrale Hessen: »Bei Direktinvestments ist immer ein Totalausfall möglich.«

Gutes tun bei der Geldanlage, ist ein schwieriges Unterfangen, meint die Verbraucherschützerin. Vor allem bei Direktinvestments sollten sich Verbraucher mit den Risiken und rechtlichen Gelegenheiten genau auseinandersetzen.

Gibt es auf Verbraucherseite derzeit eine höhere Nachfrage nach nachhaltigen Geldanlage-Produkten?

Katharina Lawrence: Wir werden in Beratungen, aber auch auf Vorträgen, auf solche Produkte und Anlageformen vermehrt angesprochen. Vielfach wird die Frage gestellt, ob die Produkte wirklich nachhaltig, sozial oder ethisch sind. Und ob mit ihnen wirklich das Ziel einer solchen Geldanlage auch verwirklicht werden kann.

Wie kann man denn beurteilen, ob eine Geldanlage wirklich nachhaltig ist?

Katharina Lawrence: Wir fangen generell in unseren Beratungen erst einmal mit dem Dreieck der Geldanlage an. Sicherheit, Risiko und Flexibilität. Das Thema Nachhaltigkeit ist ein weiterer Aspekt, er darf aber aus unserer Sicht die drei grundlegenden Dimensionen nicht überlagern. Es gibt keine einheitliche Definition für nachhaltige Geldanlagen. Jeder Anbieter zieht andere Kriterien heran. Herausfiltern, was zu den persönlichen Einstellungen passt, muss der Anleger selbst.

Was sind die grundsätzlichen Fragen, die sich ein Privatanleger bei der Anlage stellen muss?

Katharina Lawrence: Der Anleger muss sich erst einmal klar machen, welche Anlageform für ihn, für sein Kapital und seine Risikobereitschaft überhaupt in Betracht kommt. Dazu gehört auch die Frage: Welche Laufzeit macht bei einer Anlage Sinn? Wann also muss ich wieder über das Kapital verfügen können?

Worauf sollte er bei einem Direktinvestment achten?

Katharina Lawrence: Wenn man eine nachhaltige Direktinvestmentanlage nutzen will, sollte man sich zunächst die rechtlichen Grundlagen vor Augen führen. Diese Form des Investments fällt unter das Vermögensanlagegesetz. Darin ist zum Beispiel festgelegt, dass die Finanzaufsicht, die Bundesanstalt für Finanzdienstleistungsaufsicht, einen Verkaufsprospekt billigt. Diesen Prospekt sollte man als potenzieller Investor gründlich studieren.

Auch in die Vermögensanlage-Informationsblätter, die VIB, sollte man sehr genau schauen. Hier muss der Emittent ebenfalls über Risiken informieren. Wenn man diese Unterlagen durchgearbeitet hat, kann man entscheiden: Ist das etwas, was ich wirklich machen will?

Welche Besonderheiten gibt es darüber hinaus bei Direktinvestments?

Katharina Lawrence: Bei Direktinvestments ist immer ein Totalausfall möglich, auch das sollte man sich klarmachen. Wenn nur sehr vage beschrieben ist, welchen Erfolg die Anlage haben soll, dann kann man vielleicht schon davon Abstand nehmen. Auch wenn ein Projekt in Übersee, in Ländern mit anderen Rechtstraditionen und Währungen stattfindet, kann es allein deshalb zu Unvorhergesehenem kommen und schiefgehen.

Welche Rolle nehmen Anleger in Vermögensanlagen wie Direktinvestments, Beteiligungen oder Genussrechten eigentlich rechtlich ein?

Katharina Lawrence: Vielen Anlegern ist gar nicht bewusst, dass sie mit einer Beteiligung Unternehmer geworden sind. Andere haben Nachrang-Darlehen mit qualifiziertem Rücktritt unterzeichnet und sind damit Gläubiger eines Unternehmens. Wenn ein solches Unternehmen aber pleitegeht, bekommen diese Anleger aus der Insolvenzmasse meist gar nichts, weil sie nach allen anderen bedient werden. Auch Genussrechte werden zum Teil ausgegeben, die ganz bestimmte Rechte beinhalten. Das grundsätzliche Totalverlustrisiko besteht bei allen diesen Anlageformen. Auch darüber sollte man sich zunächst klarwerden, bevor man wirklich ein solches Engagement eingeht.

Können Sie ein Beispiel für eine solche Pleite nennen?

Katharina Lawrence: Wir haben in der Schadensfallberatung zum Beispiel schon erleben müssen, dass Menschen in Pflanzungen in Südamerika investiert haben. Deren Geld wurde erst eingesammelt - und war dann einfach weg. Natürlich kann das auch mit einer anderen Anlage passieren, die Motive vieler Anleger hier sind aber oft auch vom Wunsch getrieben, in etwas Gutes zu investieren. Umso tragischer sind dann solche Verluste.

Was sollte man während der Laufzeit eines solchen Direktinvestments als Verbraucher beachten?

Katharina Lawrence: Man sollte die Berichte des Emittenten kritisch prüfen. Hat er innerhalb der vorgeschriebenen Fristen einen Geschäftsbericht veröffentlicht? Dieser muss auch im Bundesanzeiger veröffentlicht werden. Dort muss auch über mögliche Schwierigkeiten des Projekts informiert werden. Unter Umständen ist das natürlich für die Betroffenen bereits zu spät, wenn der Emittent dort berichtet, er könne keine Forderungen mehr befriedigen.

Wie hoch sollte denn der Anteil des Vermögens sein, der in Direktinvestments investiert wird?

Katharina Lawrence: Das hängt ganz wesentlich von der individuellen Risikobereitschaft und Risikofähigkeit ab. Man muss sich generell fragen, ob man bereit ist, eine Investition zu tätigen, die zum Totalverlust führen kann. Wer sein Vermögen zur Altersvorsorge oder für seine Kinder benötigt, sollte nicht in Risikopapiere investieren.

Zu welchen nachhaltigen Anlageformen raten Sie Verbrauchern generell?

Katharina Lawrence: Eine breite Streuung der Investments ist wichtig, um bei einer wirtschaftlichen Flaute einer Branche keine hohen Verluste zu erleiden. Dafür kommen zum Beispiel eine Reihe nachhaltiger Fondsprodukte infrage, seien es Aktien- oder auch Mischfonds, die auch in »grüne« Anleihen investieren, wobei der Anleger schauen sollte, ob man seine Vorstellungen von nachhaltig trifft. Am einfachsten ist es für weniger risikobereite Anleger, bei Banken nachhaltige Festgelder oder Sparbriefe mit klaren Laufzeiten von drei oder vier Jahren zu nutzen. Sie fallen unter die gesetzliche Einlagensicherung, sind also sehr sicher und trotzdem nachhaltig.

5.9. Automatisch nachhaltig? Robo-Advisors

Die viel zitierte Digitalisierung hat im Finanzsektor vieles möglich gemacht, auch für Privatanleger. Eine Vermögensverwaltung, bei der ein breit aufgestelltes Portfolio im Aktien-, Renten-, Immobilien- oder Rohstoffmarkt individuell zusammengestellt und gepflegt wird, das war bis vor wenigen Jahren nur vermögenden privaten Investoren zugänglich. Die Einstiegshürden dafür lagen im mittleren sechsstelligen oder siebenstelligen Euro-Bereich. Die Private Banking- und Wealth-Management-Abteilungen von Bankhäusern waren dafür die Anlaufstelle.

5.9.1 Mit Fintech zur Online-Vermögensverwaltung

Dann tauchten die ersten Robo-Advisors im Zuge der Fintech-Revolution auf, zuerst in den USA und in Großbritannien, dann auch in Deutschland. Statt einer Million Euro reichen nun wenige Tausend Euro, um das eigene Vermögen managen zu lassen. Das ist zudem längst auch mit Produkten möglich, die explizit auf Nachhaltigkeit ausgerichtet sind.

Ein Robo-Advisor ist eine Online-Vermögensverwaltung, die ganz wesentlich über eine Internet-Plattform abgewickelt wird. Der Anleger ermittelt dabei auf der Basis einer Befragung sein persönliches Risikoprofil. Dabei werden Alter, Vermögen, Anlagehorizont, Einkünfte und Sparziele abgefragt. Auf Basis dieses Profils strukturiert der Robo-Advisor dann ein Anlageportfolio. Es besteht aus den klassischen Anlageklassen Aktien und Anleihen und zusätzlich zum Teil auch aus Rohstoffen und Immobilien. Je mehr Risiko der Anleger in Kauf nimmt, desto höher der Aktienanteil, der gewählt wird. Das Portfolio besteht in den meisten Fällen aus einer Anzahl von Indexfonds, zum Teil werden auch aktiv gemanagte Fonds und in wenigen Fällen auch einzelne Aktien oder Anleihen dafür genutzt. Den idealtypischen Ablauf einer Vermögensverwaltung via Robo-Advisor zeigt Abbildung 30.

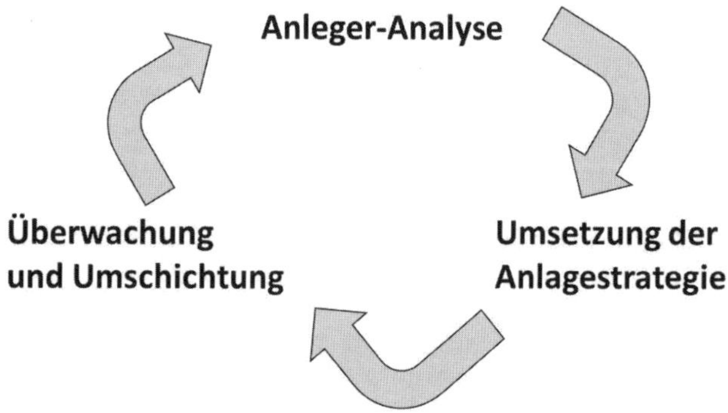

Abbildung 30: Ablauf beim Robo-Advisor, Quelle: DB Research

Bei der Partnerbank des Robo-Advisors werden die Wertpapiere dann verwahrt. Allerdings ist die Online-Vermögensverwaltung keine Einmal-Anlage. In regelmäßigen Abständen werden die Depots der Kunden überprüft. Dabei findet ein automatisches Rebalancing statt: Die Portfolio-Struktur wird wieder auf ihre Ausgangsverteilung zurückgesetzt. Der Robo-Advisor übernimmt gegebenenfalls den Austausch von einzelnen Produkten, wenn es am Markt besser geeignete ETFs oder Fonds gibt, und er legt ausgeschüttete Erträge wieder an. Bei einigen Anbietern werden sogar Umschichtungen vorgenommen, wenn die Lage zum Beispiel an den Aktienmärkten brenzlig wird.

Für seine Dienste lässt sich die Online-Vermögensverwaltung eine Gebühr bezahlen, die bei 0,5 bis 1,5 Prozent pro Jahr angesiedelt ist. Die niedrigen Verwaltungskosten bei den Indexfonds, aber auch gesunkene Kosten für andere Finanzprodukte machen dies möglich. In Deutschland werden derzeit nach Schätzungen mehr als drei Milliarden Euro von den Robo-Advisors verwaltet, dabei entfällt der Löwenanteil auf die fünf größten Anbieter, Scalable Capital, Cominvest, Liqid, Quirion und Investify.

Im Vergleich zu den Anlagen deutscher Privatanleger im Billionenbereich ist das noch verschwindend wenig. Das Marktwachstum liegt laut einer Erhebung des Extra-Magazins bei etwa zehn Prozent monatlich. Außerdem haben längst auch arrivierte Bankhäuser oder Fondsgesellschaften die Möglichkeiten der Online-Vermögensverwaltung entdeckt. Ob über Partnerschaften oder eigene Angebote: Die Robos dürften in den kommenden Jahren immer populärer werden.[67]

Online gemanagte Portfolios sind inzwischen ebenso mit Nachhaltigkeits-Fokus bei mehreren Robo-Advisors im Angebot. Einige von ihnen setzen lediglich passive Indexfonds bei der Abbildung des Portfolios ein, bei anderen werden auch aktiv gemanagte Fonds genutzt, die naturgemäß einen größeren Aufwand betreiben können, um nachhaltige Aktien oder Anleihen zu filtern. Generell hat die individuelle Zusammenstellung einer nachhaltigen Anlage per Robo-Advisor Grenzen. Dafür kann gegen eine geringe Gebühr und mit wenig Aufwand ein allgemeiner Nachhaltigkeits-Ansatz mit einer breiten Streuung über Länder und Anlageklassen hinweg verfolgt werden.

5.9.2 Investify

Das Unternehmen mit Standorten in Köln und Luxemburg bietet nachhaltigen Investoren eine Anlagemöglichkeit durch ein automatisch erstelltes Portfolio. Investify nutzt dabei passive Indexfonds wie auch aktiv gemanagte Fondsprodukte. Nachhaltig investieren kann der Anleger hier, indem er bestimmte Themen in das nach seinen Vorgaben ermittelte Portfolio hineinwählt. Dazu stehen etwa Schlagworte wie »ethisches Investieren«, »nachwachsende Renditen« oder »Zukunftsenergie« zur Verfügung. Das Unternehmen orientiert sich bei der Auswahl der Aktien- oder Rentenfonds ebenfalls an den ESG-Kriterien.

Investify hat als Bankenpartner die Baader Bank, kooperiert aber auch mit der Pax-Bank, die ihren Kunden die Investify-Anlagestrategien ebenfalls anbietet.

Die Kosten für die Wertpapier-Transaktionen, das Rebalancing und die Depotverwaltung liegen bei einem Prozent des Depotvolumens jährlich, sinken aber bei einer Depotgröße von mehr als 100.000 Euro auf 0,8 Prozent. Dazu kommen Fondskosten, die zwischen 0,3 und einem Prozent liegen. Die Einstiegshürde für die Vermögensverwaltung bei Investify liegt bei 5.000 Euro.

5.9.3 VisualVest

Einer der Pioniere in Sachen »grünem« Investment per Robo-Advisor war bereits 2016 VisualVest, eine Tochter der genossenschaftlichen Fondsgesellschaft Union Investment. Neben den sieben Standardstrategien, den »Vestfolios«, gibt es bereits seit kurz nach dem Start der Plattform auch drei »Greenfolios«. Sie unterscheiden sich vor allem in der Aktienquote, die je nach Risikobereitschaft ermittelt wird. Bei allen Greenfolios werden nur Finanzprodukte eingesetzt, bei denen die Nachhaltigkeit ein Bestandteil der Anlagestrategie ist. ESG-Scores des Index-Anbieters MSCI werden dazu herangezogen. Eine Reihe von Ausschluss-Kriterien auf Unternehmensebene, aber auch bei der Auswahl der Staaten, aus denen etwa Anleihen gekauft werden, sind dabei relevant. Für die Greenfolios wird zudem ermittelt, welche CO_2-Einsparungen ein Investment gegenüber einem vergleichbaren Standardportfolio erreicht.

Ein Rebalancing wird im Portfolio vorgenommen, wenn ein bestimmter Schwellenwert bei der Veränderung der Zusammensetzung der Anlage überschritten wird. Dies kann wöchentlich geschehen.

Um die Nachhaltigkeits-Ansprüche angemessen abzubilden, nutzen die Greenfolios nicht nur ETFs, sondern auch aktiv gemanagte Fonds. Daher sind die Gesamtkosten mit bis zu rund 1,5 Prozent für die Greenfolios höher als für die Vestfolios. Der Service von VisualVest selbst schlägt dabei mit 0,6 Prozent pro Jahr zu Buche. Die Wertpapiere der Anleger werden in einem Depot der Muttergesellschaft Union Investment verwahrt. Die Einstiegshürden bei VisualVest für Anleger sind sehr niedrig: Ab einer Einmal-Anlage von 500 Euro oder einer Sparrate von 25 monatlich ist der Dienst nutzbar.

Interview: Olaf Zeitnitz, Geschäftsführer von VisualVest: »Nachhaltig anlegen bedeutet keinen Renditeverzicht.«

Auch in der Online-Vermögensverwaltung steigt die Nachfrage nach Depots, die nach ökologischen, ethischen und sozialen Kriterien aufgesetzt sind. Als erster Robo-Advisor hat VisualVest bereits 2016 seine »grünen« Anlagestrategien angeboten.

Sie bieten bereits seit einigen Jahren Greenfolios – also Anlageportfolios mit dem Ziel Nachhaltigkeit – an, wie kam es dazu?

Olaf Zeitnitz: Einerseits sind wir im Team von VisualVest alle ein wenig »grün angehaucht«. Wir haben aber bereits kurz nach unserem Start unsere Kunden gefragt: »Was fehlt euch noch in unserem Angebot?« Und eine der häufigsten Antworten war, dass wir noch nachhaltige Portfolios anbieten sollten. Die haben wir dann sehr rasch auch ins Angebot aufgenommen. Damit hatten wir 2016 gleich eine schöne Differenzierung zu unseren Konkurrenten.

Wer fragt denn eine »grüne« Online-Vermögensverwaltung nach? Inwiefern unterscheiden sich die Kunden?

Olaf Zeitnitz: Die notwendige Internet-Affinität ist natürlich auch hier ein Grundmerkmal der Kunden. Sie achten etwas mehr darauf, was im Produkt enthalten ist und nicht nur auf die Performance. Die Prioritäten sind andere. Kunden der Greenfolios richten sich eher danach, welche Branchen wir bei den Produkten ausschließen, nicht so sehr, welche Aktienmärkte die größten Renditen versprechen.

Wie ist die Verteilung zwischen den normalen und den nachhaltigen Portfolios bei den Geldern, die sie verwalten?

Olaf Zeitnitz: Wir liegen derzeit bei rund 25 Prozent in den Greenfolios, das ist im Branchenvergleich ein guter Wert. Wir sehen hier aktuell ein deutliches Wachstum. Die nachhaltigen Produkte sind etwas teurer, weil die Fondsgebühren hier höher liegen. Das ist ein bisschen wie mit dem Bio-Apfel, der ist auch teurer als der normale Apfel.

Wie ist denn ein Greenfolio konkret aufgebaut?

Olaf Zeitnitz: Zunächst streut ein solches Portfolio, genauso aufgebaut wie ein normales Portfolio, die Anlagen über mehrere Asset-Klassen, also in der Regel über Aktien und Anleihen, und zwar weltweit. Je höher das Risiko, das der Kunde bereit ist, zu tragen, desto höher die Aktienquote. Es gibt derzeit für die Greenfolios nicht so viele Anlageklassen, Rohstoffe etwa fallen hier weg. Wir nutzen generell keine Einzelwerte, sondern nur Fonds oder ETFs. Und derzeit gibt es auf dem Markt noch nicht so viele Fondsprodukte, die unsere Kriterien für die Greenfolios erfüllen. Aber das ändert sich erfreulicherweise.

Wie werden diese Fonds oder ETFs nach nachhaltigen Kriterien gefiltert?

Olaf Zeitnitz: Wir schauen uns natürlich die ESG-Kriterien bei der Auswahl genau an. Dabei können wir als Teil der Union-Investment-Gruppe auf viel Expertise zurückgreifen. Zusammen haben wir einen Kriterienkatalog entwickelt, den wir dann bei der Auswahl der Fonds berücksichtigen. Daneben schauen wir natürlich auch auf Aspekte wie Fondsgröße, Alter des Fonds oder Managementqualität. Die Fondsauswahl wird alle drei Monate überprüft. Wir geben bei den Greenfolios auch Informationen über den CO_2-Fußabdruck des Portfolios und beschreiben die Einsparungen gegenüber einem konventionellen Investment.

In den Greenfolios setzen Sie stärker auf aktiv gemanagte Fonds, während in den Standard-Portfolios fast ausschließlich kostengünstigere ETFs genutzt werden. Warum?

Olaf Zeitnitz: Unsere Produkte bestehen aus vielen Bausteinen. Derzeit gibt es im nachhaltigen Umfeld nicht überall Indexfonds, die unseren Bedarf so abdecken, wie wir uns das wünschen. Wenn man sich hier nur auf ETFs beschränken würde, würde man einen Fehler machen. Und gerade beim Thema Nachhaltigkeit gibt es eine ganze Reihe guter aktiv gemanagter Fonds. Das dürfte wohl auch mittelfristig so bleiben.

Welche Nachhaltigkeits-Strategien sind für Sie bei der Auswahl der Fonds wichtig?

Olaf Zeitnitz: Wir arbeiten in erster Linie mit Ausschluss-Kriterien und achten auf den sogenannten ESG-Score. Danach schauen wir auf verschiedene Regionen und versuchen ein weltweites Portfolio etwa im Aktien-, aber auch am Anleihenmarkt abzudecken. Dabei verfolgen wir bewusst einen breiten Anlagegrundsatz. Spezialisierte Themenfonds, etwa im Bereich Wasser oder erneuerbare Energien, nutzen wir daher nicht.

Anleger mit Fokus auf Nachhaltigkeit mögen trotzdem auch Rendite. Wie sieht der Performance-Vergleich der Greenfolios mit ihren Standard-Portfolios aus?

Olaf Zeitnitz: Die Wertentwicklung ist absolut vergleichbar. Je nach dem betrachteten Zeitraum gibt es eine leichte Outperformance der »grünen«, dann wieder der konventionellen Portfolios. Wenn es an den Aktien- oder Rohstoffmärkten ein wenig holpriger zugeht, dann rutschen die Standard-Portfolios eher einmal deutlich ab. Die Schwankungen in den Greenfolios sind in der Tendenz etwas geringer. Man muss also nicht auf Rendite verzichten, wenn man nachhaltig anlegt.

5.9.4 Liqid

Erheblich mehr als 500 Euro wie bei VisualVest müssen Kunden des Berliner Robo-Advisors Liqid mitbringen, wenn sie ihr Geld verwalten lassen wollen. Bei Liqid beläuft sich die Mindestanlagesumme auf 100.000 Euro. Das Unternehmen kooperiert mit HQTrust, der Vermögensverwaltung der Familie Harald Quant in Bad Homburg, mit der zusammen die Anlagestrategien entwickelt wurden.

Seit 2018 bietet Liqid eine Anlagestrategie unter dem Titel »Global Impact« an. Sowohl mit aktiven als auch mit passiven Fondsprodukten wird hier nach Einsatz eines Ausschluss-Filters investiert. Dazu werden Mindestanforderungen an das ESG-Ranking von MSCI an Aktien oder Anleihen gestellt.

Der hohen Mindestanlage stehen sehr konkurrenzfähige Preise gegenüber: Liqid stellt eine Servicepauschale für Depotnutzung, Rebalancing und alle Transaktionen von 0,5 Prozent in Rechnung. Dazu kommen bei der nachhaltigen Anlagestrategie 0,43 Prozent an Produktkosten. Die Wertpapiere der Kunden liegen auf Depots der Deutschen Bank.

5.9.5 Kleinere Robo-Advisors mit Fokus Nachhaltigkeit

Eine ganze Reihe von kleineren Robo-Advisors hat sich des Themas »nachhaltige Geldanlage« ebenfalls angenommen. Einige von ihnen setzen sogar ausschließlich auf Fondsprodukte mit gutem Rating im Hinblick auf ökologische und soziale Aspekte.

Dazu gehören derzeit der österreichische Vertreter Savity, der sogar bereits vom Forum Nachhaltige Geldanlage (FNG) als Mitglied aufgenommen wurde. Bei Vividam wird ausschließlich in nachhaltige aktiv gemanagte Fonds für die Kunden angelegt. Bei Oskar, einer Online-Vermögensverwaltung, die sich auf ETF-Sparpläne für Kinder spezialisiert hat, kommen nachhaltige ETFs automatisch ins Portfolio.

Das ETF-Infoportal JustETF bietet zudem eine Reihe von nachhaltigen Musterportfolios an, die inzwischen von der Zinsplattform Weltsparen übernommen worden und dort für den Anleger erhältlich sind. Auch hier sind Depotgebühren, Transaktionskosten und Rebalancing zu kleinen Beträgen erhältlich.[68]

5.10 Grüne Riester-Altersvorsorge: Nachhaltig mit staatlicher Förderung

Wer nachhaltig investiert, denkt dabei generell langfristig. Die Verbindung zwischen umwelt- oder sozial orientierter Anlage-Philosophie und einer auf Jahrzehnte angelegten Altersvorsorge ist dabei naheliegend. Staatliche Förderungen, die man dabei in Anspruch nehmen kann, sind vorhanden – ob als Steuervorteil oder als direkter Zuschuss. Auf Seiten der Anbieter von Altersvorsorge-Produkten setzt langsam ein Umdenken ein. Der Trend zur Nachhaltigkeit auf der Nachfrageseite sorgt für Änderungen in der Produktpalette von Versicherern und Fondsanbietern. Eine Umfrage der Verbraucherzentrale Bremen zusammen mit dem Marktforschungsinstitut Forsa hat bereits 2017 ergeben, dass sich die große Mehrheit der Bundesbürger (74 Prozent) die Einführung von ethisch-ökologischen Mindeststandards bei staatlich geförderten Rentenprodukten wünscht.[69]

Dennoch ist das Angebot ausdrücklich nachhaltiger Möglichkeiten der Vorsorge noch überschaubar. Zudem muss der Kunde bei den konkreten Angeboten weiterhin genau aufs Kleingedruckte schauen. Nicht alle erfüllen womöglich die eigenen Ansprüche an echte Nachhaltigkeit.

Die Verbraucherzentralen haben bereits 2017 eine Übersicht über die Ausschluss-Kriterien verschiedener Versicherer bereitgestellt. Sie zeigt, dass Nachhaltigkeit ganz unterschiedlich interpretiert wird. Nur eine Minderheit der befragten Versicherungs-Konzerne macht überhaupt Angaben zu mindestens einem Ausschluss-Kriterium. Dies dürfte sich in den kommenden Jahren angesichts des politischen Drucks und der stärkeren Nachfrage auf Kundenseite wohl allmählich ändern.

5.10.1 Renten- und Lebensversicherungen

Des deutschen Altersvorsorgers liebstes Kind bleibt noch immer die private Lebensversicherung. Hierzulande gibt es ähnlich viele Versicherungsverträge wie Menschen. Lange Zeit waren die Verzinsungen in Kombination mit den Steuervorteilen durchaus attraktiv. Das hat sich durch eine Änderung der Besteuerung für Neuverträge ab dem Jahr 2005 und nicht zuletzt durch die Niedrigzinsphase erheblich verschlechtert. Gleiches gilt für private Rentenversicherungen. Während die angesparten Beträge bei der Kapitallebensversicherung am

Ende der Laufzeit auf einen Schlag fällig werden, kann bei einer Rentenversicherung auch ein monatlicher Betrag ausgezahlt werden.

Bei allen ab 2005 abgeschlossenen Verträgen werden Kapitalauszahlungen am Vertragsende zur Hälfte mit dem persönlichen Steuersatz belegt. Bei den Rentenzahlungen wird ein Prozentsatz des ausgezahlten Betrages, der sogenannte Ertragsanteil, besteuert. Dieser Anteil ist umso niedriger, je höher das Lebensalter des Versicherten bei Auszahlungsbeginn ist. Voraussetzung für die steuerlichen Vorteile ist in beiden Fällen: Der Versicherte muss bei Rentenantritt oder Kapitalauszahlung mindestens 60 Jahre, bei ab 2012 geschlossenen Verträgen mindestens 62 Jahre alt sein und der Versicherungsvertrag muss eine Laufzeit von mindestens zwölf Jahren haben.

Auf der Suche nach Anbietern nachhaltiger Lebens- und Rentenversicherungen können mehrere Aspekte bei der Auswahl eine Rolle spielen. »Wie legen die Versicherer selbst ihr Geld an?«, lautet eine entscheidende Frage. Sind überhaupt Ausschluss-Kriterien definiert, und welche sind das? Eine zweite Frage kann sich auf das Unternehmen selbst beziehen: Wie umweltbewusst, sozial engagiert arbeitet ein Versicherungs-Unternehmen selbst und wie geht es mit seinen Mitarbeitern um? Darüber geben die Unternehmen inzwischen durchaus Auskunft, etwa in ihren Nachhaltigkeits-Berichten. Auch ESG-Ratings der Konzerne können darauf wertvolle Hinweise geben.

Den laut Verbraucherzentrale größten Ausschluss-Katalog bei der Geldanlage konnte bislang die Concordia oeco Lebensversicherung AG vorweisen. Neben Atomkraft, Kohle, Glücksspiel und Pornografie gehören dazu auch Kinderarbeit, geächtete Waffen und Menschenrechtsverletzungen. Ausschlüsse gibt es auch auf staatlicher Ebene und beim Thema Nahrungsmittel-Spekulation.

Die VRK, der Versicherer im Raum der Kirchen, hat bei seiner Anlage eine ganze Reihe von ethisch-ökologischen Ausschluss-Kriterien definiert. Das Unternehmen, das Ende des 19. Jahrhunderts von Pfarrern gegründet wurde, bietet auch eine fondsgebundene Rentenversicherung an. Dabei wird ein Teil der Mittel in den eigenen VRK-Ethikfonds investiert.

Auch die Barmenia, die Neue Leben, der Volkswohlbund und die Generali wenden Ausschluss-Kriterien in ihrer Anlagepolitik an.

Die Evangelische Bank (EB) bietet eine fondsgebundene Lebensversicherung, »EB-Lebenswert«, an. Dabei kann der Anleger zwischen zwei Nachhaltigkeits-Fonds der Union Investment auswählen. Versicherungspartner der Bank ist die R + V Versicherung.

Die Umweltbank vermittelt private Rentenversicherungen mit bestimmten Partnergesellschaften, bei denen sie darauf achtet, dass die Beiträge nach ökologischen, ethischen und sozialen Kriterien angelegt werden.

5.10.2 Riester- und Rürup-Rente

Die staatlich geförderte Altersvorsorge ist in einigen Fällen mit nachhaltigen Vorsorgeverträgen möglich. Anbieter von Riester- oder Rürup-Verträgen, die ausdrücklich mit einer solchen Verwendung der Vorsorge-Beträge werben, sind aber in der Minderzahl. In vielen Fällen fehlt es schlicht an Angaben über Ausschluss-Kriterien oder an einem Bekenntnis zur umweltschonenden oder ethischen Verwendung der Sparerbeträge.

Dabei können sowohl nachhaltige Riester- als auch Rürup-Verträge durchaus sinnvoll sein. Bei der auch als »Basis-Rente« bezeichneten Rürup-Rente können Selbstständige oder Menschen mit hohen Einkommen bis zu 22.172 Euro jährlich an Vorsorge-Beträgen von der Steuer absetzen, 2020 gilt dies für 90 Prozent der Einzahlungen, 2021 für 92 Prozent und so weiter. Ab 2025 werden sogar 100 Prozent absetzbar sein. Beiträge zur Riester-Rente können als Sonderausgaben steuerlich geltend gemacht werden. Fließen mindestens vier Prozent des jährlichen Bruttoeinkommens in den Riester-Vertrag, erhält der Vertragsinhaber die vollen Zulagen (Grundzulage 175 Euro, Kinderzulage 300 Euro, beziehungsweise 185 Euro, bei vor 2008 geborenen Kindern) Jahr für Jahr. Außerdem sind Erträge, die während der Ansparphase anfallen, also etwa Zinsen oder Dividenden, steuerfrei.

In der Rentenphase gilt sowohl für Riester als auch für Rürup-Verträge: Die Renten sind voll steuerpflichtig, dies wird als nachgelagerte Besteuerung bezeichnet. Da die Mehrzahl der Renten deutlich unter den Einkünften der Sparer während des Arbeitslebens liegen, fällt diese Besteuerung aber weniger stark ins Gewicht als während der Ansparphase.

Sowohl für Riester- als auch für Rürup-Vorsorge-Sparer haben eine Reihe von Versicherern klassische Versicherungsprodukte oder fondsgebundene Versicherungen im Angebot. Wiederum sind hier die Concordia oeco Lebensversicherung, die Barmenia, VRK sowie die Evangelische Bank mit Angeboten vertreten. Auch die Umweltbank vermittelt sowohl für Riester- als auch Rürup-Sparer einen Altersvorsorge-Vertrag auf Versicherungs-Basis.

Bei fondsgebundenen Riester-Versicherungen bieten etwa die Condor Versicherungen, die Stuttgarter Versicherung oder der Volkswohlbund Investmentfonds an, die als nachhaltig gelten können.

Attraktiver, weil renditeträchtiger und mit weniger Vertriebs- und Abschlusskosten belastet, sind Fondssparpläne als Riester- oder Rürup-Vertrag. Für Vorsorge-Sparer gibt es derzeit nur einen solchen Sparplan, bei dem Fonds mit Nachhaltigkeits-Charakter bespart werden können: Beim Deka-ZukunftsPlan Select sind je ein nachhaltiger Aktien- und ein Rentenfonds wählbar.

5.10.3 Vermögenswirksame Leistungen

Ein Klassiker in Sachen finanzielle Vorsorge sind auch vermögenswirksame Leistungen, kurz VL. Hierbei zahlt der Arbeitgeber einen bestimmten Betrag, bis zu 40 Euro monatlich, der sich über sieben Jahre in einem eigens dafür abgeschlossenen Vertrag zu einem kleinen oder größeren Spargroschen ansammelt. Fällt der Sparer unter eine bestimmte Einkommensgrenze, kann er zusätzlich einen staatlichen Zuschuss, die Arbeitnehmersparzulage, beantragen.

Die Einsatzmöglichkeiten für vermögenswirksame Leistungen sind vielfältig. Die Beträge können in einen Banksparplan, einen Bausparvertrag oder einen Fondssparplan investiert werden. Oder sie können zur Tilgung eines Hypothekenkredits eingesetzt werden. Nach Ablauf von sechs Jahren Ansparen und einem Wartejahr wird der Gesamtbetrag auf einen Schlag ausgezahlt. Erträge wie Zinsen und Dividenden sind voll steuerpflichtig.

Auch VL-Verträge gibt es als nachhaltige Spar- und Investitions-Version. Zum einen kann man einen VL-Banksparplan bei einer nachhaltigen Bank abschließen. Aber auch Fondssparpläne sind im Angebot, mit denen in nachhaltige Aktien-, Renten- oder Mischfonds investiert werden kann. So hat die Evangelische Bank zusammen mit der genossenschaftlichen Fondsgesellschaft Union Investment einen solchen Sparplan im Angebot. Das Produkt kann auch direkt bei der Fondsgesellschaft gekauft werden. Dabei wird per VL der UniNachhaltig Aktien Global (WKN: A0M80G) bespart, ein weltweit anlegender Aktienfonds. Union Investment unterzieht die Unternehmen vor Aufnahme ins Fonds-Portfolio einer Nachhaltigkeits-Analyse und nimmt eine Reihe von Ausschlüssen wie Kinderarbeit oder Rüstungsgüter vor.

Bei der Triodos Bank können ebenfalls Fondsprodukte im Rahmen der vermögenswirksamen Leistungen bespart werden. Die Fondsplattform ebase hat eine große Anzahl nachhaltiger Fonds im Angebot, die VL-fähig sind. Dazu gehört der LBBW Nachhaltigkeit Aktien (WKN: A0NAUP) der Landesbank Baden-Württemberg oder der Öko World Klima-Fonds der Luxemburger Gesellschaft Ökoworld (WKN: A0MX8G). Beide Fonds sind bereits seit vielen Jahren am Markt und arbeiten mit harten Ausschluss- und Positiv-Kriterien bei der Anlage.

simplified

6. Das nachhaltige Portfolio

Die Möglichkeiten der nachhaltigen Geldanlage sind inzwischen vielfältig. Sie werden in den kommenden Jahren immer weiterentwickelt werden und kostengünstiger sowie einfacher zu nutzen sein. Die Sustainability-Welle, die durch die Finanzbranche schwappt, lässt auch verschiedene Stile nachhaltigen Investierens zu. Eine Anlagestrategie, die auf einigen wesentlichen Ausschluss-Kriterien beruht und möglichst niedrige Kosten verursacht, ist ebenso umsetzbar wie ein Ansatz der, ausgehend von einer »grünen« Bank, eher auf die unmittelbare Wirkung, den Impact zielt.

Dabei muss der Investor, der auf ökologische, soziale und ethische Aspekte Wert legt, generell auf Rendite nicht verzichten. In vielen Fällen senkt er sogar das Risiko seiner Anlage durch diesen Fokus.

Nach wie vor gibt es bei den zur Auswahl stehenden nachhaltigen Anlageformen und -produkten einige Eigenarten, die Privatanleger beachten sollten. Sie müssen die vielen neuen Möglichkeiten am Finanzmarkt beurteilen und entscheiden, ob sie mit ihrem Verständnis einer nachhaltigen Geldanlage in Einklang stehen.

Die Grund-Prinzipien eines sinnvoll aufgebauten privaten Portfolios gelten freilich hier genauso. Wer die Spielregeln der Geldanlage am Finanzmarkt beachtet, kann viele Ziele erreichen:

> Eine soziale Rendite, indem er Unternehmen und Projekte unterstützt, die den Umwelt- und Klimaschutz voranbringen, die globale Ungleichheit bekämpfen oder es Menschen schlicht ermöglichen, selbstbestimmt zu leben und zu arbeiten.

- Eine finanzielle Rendite, die ihm hilft, sein eigenes Vermögen aufzubauen und fürs Alter vorzusorgen.
- Wer gezielt auf nachhaltige Aktien, Fonds oder Anleihen setzt, sorgt dafür, dass die Finanzindustrie bei ihrer Neuausrichtung hin zu mehr und echter Nachhaltigkeit angetrieben wird.
- Die Entscheidungsträger in Politik und Aufsichtsbehörden müssen auf eine solche »Abstimmung mit dem Geldbeutel« ebenfalls weiter reagieren.

6.1. Das magische Dreieck der Geldanlage

Sinnvolles Investieren ist kaum möglich, ohne sich die Grundlagen oder Gesetzmäßigkeiten des Anlage-Universums vor Augen zu führen. Dabei hilft das magische Dreieck der Geldanlage, das in Abbildung 31 zu sehen ist. Das Modell mit den drei Dimensionen oder Komponenten »Rendite«, »Risiko« und »Liquidität« wird seit vielen Jahren von den Finanzprofis als Basis ihres Handelns zugrunde gelegt.

Es veranschaulicht die Wechselbeziehung zwischen den drei Komponenten. Jede dieser Komponenten ist von den beiden anderen abhängig und jede Veränderung bei einer von ihnen beeinflusst die beiden anderen.

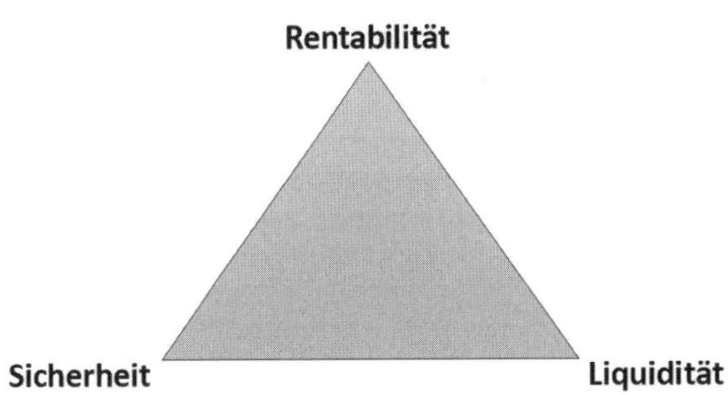

Abbildung 31: Magisches Dreieck der Geldanlage, Quelle: eigene Darstellung

Aus dem Modell leiten sich vielfältige Abhängigkeiten ab:

Eine höhere Rendite ist nur erzielbar, wenn dafür ein höheres Risiko (beziehungsweise eine geringere Sicherheit) oder eine geringere Liquidität (Verfügbarkeit) der Anlage in Kauf genommen wird. Ein Beispiel dafür ist das Investieren in Aktien: Es gibt dem Investor die Chance auf eine höhere Wertentwicklung als auf seinem Sparbuch oder Tagesgeldkonto, dafür muss er höhere Verlustrisiken tragen. Das Gleiche gilt für hoch verzinste Anleihen, etwa von Unternehmen. Hier besteht ebenfalls ein höheres Risiko durch einen Zahlungsausfall.

Eine höhere Sicherheit bei der Anlage (geringeres Risiko) ist nur möglich, wenn auf Rendite verzichtet oder eine geringere Liquidität in Kauf genommen wird. Klassiker einer sicheren, aber wenig rentierlichen Anlageform sind das Tagesgeldkonto, das Sparbuch oder auch Staatsanleihen mit hoher Bonität, wie etwa deutsche Bundesanleihen. In der Niedrigzins-Ära hat dies sogar dazu geführt, dass Investoren negative Renditen (Strafzinsen) dafür in Kauf nehmen, ihr Geld möglichst sicher anzulegen. Auch Sparbriefe mit langer Laufzeit oder Festgelder können noch nennenswerte Renditen abwerfen, hier sinkt dann in der Konsequenz die Verfügbarkeit der Anlage.

Eine hohe Liquidität, etwa die Verfügbarkeit auf dem Giro- oder Tagesgeldkonto bedeutet prinzipiell einen Verzicht auf Rendite.

Für eine Anlage in einem relativ riskanten Markt mit historisch hohen Renditen, dem Aktienmarkt, gilt aber damit auch: Wer auf lange Sicht an seinen Wertpapieren festhält, also für einen Zeitraum von einigen Jahren nicht über die Erlöse aus einem Verkauf verfügen möchte (Liquidität), für den sinkt auch das Risiko. Viele Studien belegen, dass die Wahrscheinlichkeit, mit Verlust verkaufen zu müssen, bei langfristig orientierter Anlage deutlich sinkt.

Das Renditedreieck des Deutschen Aktieninstituts zeigt anschaulich, dass ein Festhalten am deutschen Leitindex Dax über einen Zeitraum von 20 Jahren im sämtlichen entsprechend langen Zeiträumen der zurückliegenden 50 Jahre noch nie zu Verlusten geführt hat. Ähnliches belegen Untersuchungen zum US-Aktienmarkt, bei denen die

Zeitreihen mehr als 100 Jahre lang aufgelistet wurden. Aus der eigentlich kritischen Wechselbeziehung zwischen Rendite und Risiko wird auf lange Sicht eine gewinnbringende Verbindung.

6.1.1 Nachhaltigkeit als vierte Dimension?

Ein Großteil der Anleger, die auf ethische, soziale und ökologische Themen setzen, und die gut geführte Projekte und Unternehmen fördern wollen, bevorzugt langfristige Investitionen. Ohnehin kann das Risiko-Rendite-Profil nachhaltiger Produkte nachweislich mit dem herkömmlicher Aktien, Anleihen oder Fonds zumindest mithalten. Einem langfristigen Engagement steht also prinzipiell nichts im Weg.

Nachhaltigkeit wird seit einigen Jahren als eine weitere, vierte, Dimension in das Modell eingefügt. Aus dem magischen Dreieck wird somit ein magisches Viereck der Geldanlage, siehe Abbildung 32. Allerdings steht der Aspekt der Nachhaltigkeit nicht in einer ähnlichen wechselseitigen Abhängigkeit zu Rendite, Risiko oder Liquidität. Weder senkt ein Mehr an Nachhaltigkeit die Renditechancen, noch werden Risiko oder Liquidität dadurch in besonderer Weise beeinflusst.

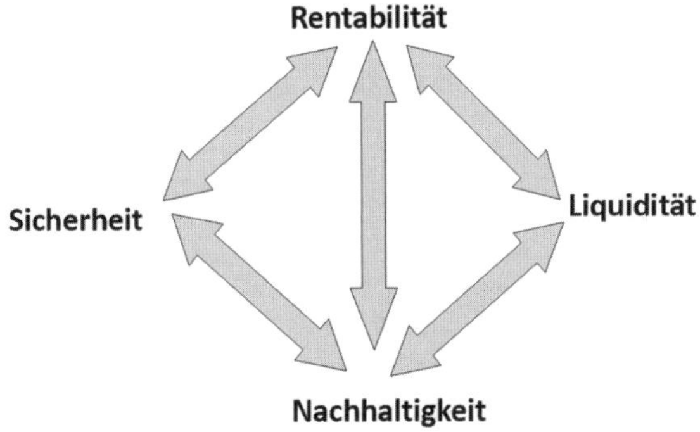

Abbildung 32: Magisches Viereck der nachhaltigen Geldanlage, Quelle: eigene Darstellung

6.1.2 Einschränkungen ...

Dennoch unterscheidet sich das Anlage-Universum des nachhaltigen Anlegers von dem des konventionellen Anlegers. Bei der Wahl von Aktien, aber auch Anleihen und Fondsprodukten schrumpft die zur Verfügung stehende Auswahl deutlich. Je strikter er Ausschluss-Kriterien definiert, desto mehr wird diese Anzahl eingeschränkt. Bestimmte Branchen werden dadurch von vornherein ausgeschlossen. Eine Auswahl streng nach Positiv-Kriterien führt fast zwangsläufig zu Schwerpunkten in Bereichen wie erneuerbaren Energien, Gesundheit, Umweltschutz oder ökologischem Konsum. Dadurch können sogenannte Klumpenrisiken entstehen. Privatanleger, die auf Indexfonds setzen wollen, finden teilweise noch keine Möglichkeiten vor, um ausreichend gefiltert zu investieren. Für bestimmte Regionen stehen hier schlichtweg noch keine ETFs zur Verfügung.

6.1.3 ... und neue Möglichkeiten

Auf der anderen Seite bieten sich bei der nachhaltigen Geldanlage Produkte an, bei denen die soziale Rendite im Vordergrund steht, etwa bei der Finanzierung von Mikrokrediten oder bei ökologischen oder sozialen Crowdinvesting-Projekten. Nachhaltigkeit ist also eher als neuer Aspekt bei der Geldanlage zu sehen, der neben Rendite, Risiko und Liquidität zu beachten ist, weniger als eigenständige Dimension im dreidimensionalen Modell. Die Gesetzmäßigkeiten des Finanzmarktes gelten dabei aber genauso.

6.2. Das eigene Depot

Die Grundvoraussetzung für ein eigenes nachhaltiges Portfolio ist ein geeignetes Wertpapier-Depot. Aktien, Anleihen, allerlei Derivate wie Zertifikate oder Optionsscheine werden heute im Sekundentakt gehandelt. Dreh- und Angelpunkt ist ein Konto bei einer Bank oder einem Online-Broker mit einem Depot.

Schon hier stellt sich dem Anleger, der auf die Geschäftspraktiken seiner Bank schaut, die Frage: Sollte das Depot bei einer nachhaltigen Bank wie der GLS Bank, der Triodos Bank oder der Umweltbank geführt werden? Oder ist auch ein möglichst günstiger Discount-Broker dafür geeignet? Einerseits erheben nachhaltige Banken zum Teil Gebühren für das Verrechnungskonto ebenso wie für das Depot. Dazu kommt, dass dort oft nicht alle in Deutschland handelbaren Aktien oder Fonds angeboten werden. Wer aber alles aus einer Hand will, Bankkonto und Depot bei einer nachhaltigen Bank, sowie ein überschaubares, aber geprüftes Angebot an Wertpapieren, der ist bei einer nachhaltigen Bank gut aufgehoben.

Eine größere Auswahl an nachhaltigen Finanzprodukten und günstigere Preise bieten viele Broker, die sich in Deutschland einen regelrechten Preiskampf um die Kunden liefern. Depotgebühren sind hier schon lange abgeschafft. Und auch die Orderkosten, also der Preis für den Kauf und Verkauf eines Wertpapieres, gehen immer weiter gegen null.

Solche Transaktionskosten werden entweder volumenabhängig oder als Flatrate erhoben. Eine 5.000-Euro-Order kostet dann zum Beispiel 0,25 Prozent des Volumens, also 12,50 Euro oder aber pauschal zum Beispiel zehn Euro. Gerade bei Käufen mit größeren Beträgen empfiehlt sich die Pauschalgebühr bei einem Broker. Eine kleine Anzahl von neuen Brokern bietet inzwischen sogar den komplett kostenlosen Handel an. Dort wird allerdings nicht über die Börsen, sondern über elektronische Handelsplätze ge- und verkauft, die zumeist an Banken angeschlossen sind. Aktuelle Vergleichstests von Orderkosten sind etwa über das Portal Broker-Test.de zu finden.

Es gelten folgende Spielregeln für den Weltpapierhandel: Beim Kauf von Investmentfonds schlagen gleich mehrere Kostenfaktoren zu Buche. Neben einer Ordergebühr wird in der Regel bei aktiv gemanagten Fonds ein einmaliger Ausgabeaufschlag erhoben. Er liegt üblicherweise bei zwei bis fünf Prozent. Viele Online-Broker bieten eine Reduzierung dieses Ausgabeaufschlags an. Einige Fondsplattformen wie eBase und eine Reihe von Fondsvermittlern offerieren sogar Tausende Fonds ohne Ausgabeaufschlag.

Erfolgt der Kaufauftrag über die Börse oder andere Handelsplätze, kommt dem Ordertyp, also der Art des Kauf- oder Verkaufsauftrags, einige Bedeutung zu. Wer mit dem Orderzusatz »Bestens« oder »Billigst« ordert, bekommt den aktuellen Marktpreis bei seiner Transaktion. Das ist der Preis, der im Moment des Auftrags mit der bestellten Menge an Aktien oder Fondsanteilen am Markt gehandelt wurde. Da sich Aktienmärkte aber schnell auch in die falsche Richtung bewegen können, empfiehlt es sich, mit Limit zu kaufen. Dabei wird mit dem Auftrag ein Limit definiert, zu dem höchstens ein Kauf erfolgt und zu dem mindestens ein Verkauf abgeschlossen wird. Sind diese Limits nicht erreichbar, wird die Order nicht ausgeführt.

Eine Stop-Order kann sich als sinnvoll erweisen, um die bestehende Position vor einem unvorhergesehenen Verlust zu schützen. Hierfür wird bei einer Verkaufsorder ein bestimmter Kurs definiert. Bei dessen Erreichen oder Unterschreiten wird dann automatisch zum Marktpreis verkauft. Dieser Ordertyp wird auch als Stop-Loss-Order bezeichnet. Wer langfristig investiert ist, sollte solche Stops nicht zu eng am aktuellen Kurs setzen. Der Markt bewegt sich in natürlichen Auf- und Abwärtsbewegungen. Nur sehr selten ist ein Not-Verkauf wirklich geboten.[70]

Auch der Kauf- und Verkaufszeitpunkt hat einen Einfluss auf das Handeln an den Finanzmärkten. Wer zu den Haupthandelszeiten an der Börse kauft und verkauft, bekommt den fairsten Preis. Das sind in Deutschland die Handelszeiten des Xetra-Systems der Deutschen Börse, auf dem ein Großteil der Transaktionen abgewickelt wird. Xetra läuft von 9 bis 17:30 Uhr. Die Xetra-Preise sind vielfach auch die Referenzpreise anderer Börsen und Handelsplätze. Da viele Marktteilnehmer in diesem Zeitfenster ihre Geschäfte abwickeln, besteht eine hohe Liquidität. Das hat zur Folge, dass Kauf- und Verkaufsorders schnell ausgeführt werden können. Die Spreads am Markt, also die Differenz zwischen An- und Verkaufspreisen im Orderbuch, sind dann am geringsten. Eine Aktie des Dax-Mitglieds Deutsche Telekom wird dann etwa zu einem Preis von 15,20 Euro zum Kauf angeboten, der Verkaufspreis liegt mit 15,19 Euro nur minimal darunter – der Spread beträgt in diesem Moment also einen Cent. Einkaufen und Verkaufen wird damit tendenziell günstiger.

6.3. Wie entsteht ein Portfolio? - Diversifikation und Asset Allocation

Allgemein anerkannte Spielregeln gibt es auch beim Aufbau eines Portfolios. Seit der Entwicklung der modernen Portfoliotheorie durch Harry M. Markowitz bereits in den 1950er-Jahren hat sich der Grundgedanke der Diversifikation, zu Deutsch etwa Streuung, beim Kauf von Wertpapieren durchgesetzt.[71]

Diversifikation bedeutet im Aktienbereich, dass nicht nur auf eine Aktie oder eine Handvoll Papiere gesetzt wird, sondern möglichst über die Grenzen von Branchen, Ländern oder sogar Unternehmensarten hinweg investiert wird. Nicht nur Aktien von Großkonzernen aus Deutschland, die beispielsweise im Dax versammelt sind, machen ein solches, breit aufgestelltes Portfolio aus. Sinnvoller ist ein globales Aktiendepot, in dem verschiedenste Branchen und Unternehmen verschiedener Größe vertreten sind, also Börsenschwergewichte (Large Caps) aus den Leitindizes ebenso wie Nebenwerte (Small Caps).

Der Effekt ist seit Markowitz, der für seine Theorie 1990 den Nobelpreis für Wirtschaft erhielt, immer wieder beschrieben worden. Er ist verblüffend und statistisch nachweisbar: Diversifikation sorgt für einen Rückgang der Schwankungen im Portfolio, ohne dass die Wertentwicklung leidet. Die erreichbare Rendite bei einer weltweiten Aktienanlage entspricht historisch mindestens der des Deutschen Aktienindex, Dax. Aber die zwischenzeitlichen Verluste fallen geringer aus. Das Risiko wird also zum Teil »wegdiversifiziert«.

Innerhalb eines solchen Portfolios gleichen sich viele Kursschwankungen gegenseitig aus. In verschiedenen Börsenphasen steigen etwa die Aktienkurse in den Schwellenländern Lateinamerikas oder Asiens stärker als die der Industrieländer. Oder defensive Aktien aus der Konsumgüterbranche halten sich im konjunkturellen Abschwung besser als konjunktursensible Titel aus der Bau- oder Chemiebranche. Sind Aktien der Großkonzerne für eine Weile heißgelaufen, schlägt vielleicht die Stunde der vielen kleineren und mittleren Unternehmen, die bis dahin nicht von Analysten und Fondsmanagern beachtet wurden.

Dass ein Investment im Aktienmarkt nicht komplett von Schwankungen befreit werden kann, liegt in der Natur des Marktes selbst. In einer Crash- oder Krisensituation kann der Markt insgesamt fallen, also die Gesamtheit der Aktien im Portfolio.

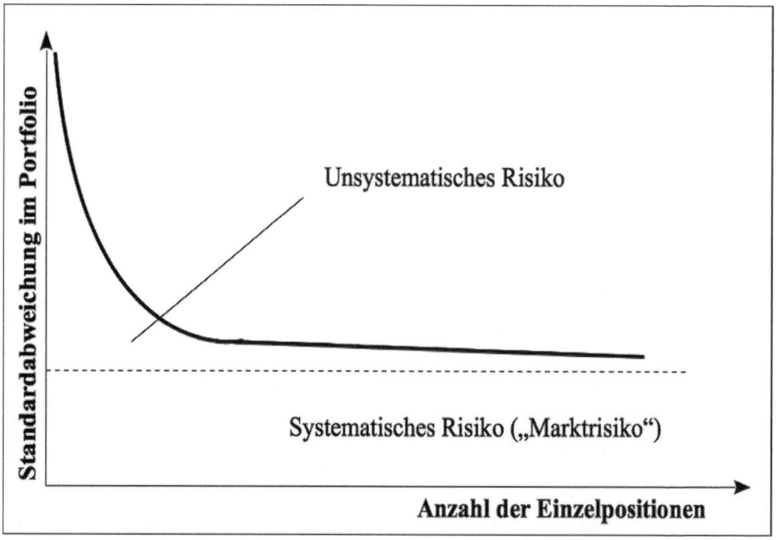

Abbildung 33: Portfolio-Theorie, Risikoreduktion durch Diversifikation, Quelle: Wikipedia

In der Praxis finden solche Kursrückgänge ungleichmäßig statt, je nach Branchenzugehörigkeit und der geschäftlichen Situation der Unternehmen. Dennoch: Der Aktienmarkt insgesamt ist immer wieder generellen Niedergängen ausgesetzt. Dies wird in der Finanzwissenschaft auch als systematisches Risiko bezeichnet.

Das unsystematische Risiko dagegen, also die Gefahr von Kursrückgängen bei einzelnen Aktien, kann durch die Diversifikation deutlich gesenkt werden, wie Abbildung 33 verdeutlicht.

Es gilt: Viele Assets, ein Ziel. Diversifikation senkt nicht nur durch die Streuung über verschiedene Einzelwerte das Risiko. Auch die Verteilung der Mittel über mehrere Anlageklassen, sogenannte Assets hinweg, hat einen solchen Effekt.

Wer also nicht nur Aktien kauft, sondern seine Mittel auch in Anleihen, Immobilien und vielleicht sogar Rohstoffe und eher exotische Anlageformen wie Hedgefonds, private Beteiligungen oder sogar Kunstgegenstände steckt, kann Schwankungen im gesamten Portfolio weiter reduzieren.

In der Praxis wird man in einem solchen Depot feststellen, dass sich der Aktien- und der Anleihemarkt unterschiedlich entwickeln. In Zeiten sinkender Zinsen steigen üblicherweise die Gewinne der Unternehmen, und damit auch die Kurse ihrer Aktien. Dagegen werden festverzinsliche Wertpapiere wie Anleihen wegen ihrer schlechteren Verzinsung in solchen Phasen eher gemieden. Die Preise von Öl oder Gold also der Rohstoff-Sektor, bewegen sich ebenfalls nicht parallel zum Aktienmarkt.

Assetklassen, die möglichst wenig miteinander »korrelieren«, machen ein Portfolio noch robuster gegen Wertschwankungen. Das Risiko einzelner Anlageklassen kann also ebenfalls zum Teil wegdiversifiziert werden.

Asset Allocation, das ist die bewusste Abmischung der verschiedenen Anlage-Klassen in einem Portfolio. Das, was große Vermögensverwalter, Stiftungen, Versorgungskassen oder Pensionsfonds tun, kann der Privatanleger fast genauso: eine Balance zwischen den ver-

	MSCI Europe	S&P 500	MSCI EM	MSCI Japan	MSCI Asia ex-Japan	Paneuropa Anleihen	EM-Anleihen	Hochzins-anleihen	Weltweite Anleihen	Rohstoffe	Hedge-fonds	Immo-bilien
MSCI Europa	1,00	0,80	0,87	0,66	0,86	-0,03	0,28	0,76	-0,20	0,47	0,80	0,14
S&P 500	0,87	1,00	0,72	0,72	0,74	-0,10	0,49	0,46	0,10	0,47	0,58	0,25
MSCI EM	0,83	0,73	1,00	0,62	0,97	-0,04	0,44	0,82	-0,10	0,59	0,82	-0,08
MSCI Japan	0,93	0,90	0,78	1,00	0,67	-0,06	0,40	0,28	0,16	0,36	0,41	0,18
MSCI Asia ex-Japan	0,87	0,74	0,97	0,85	1,00	0,03	0,50	0,74	0,01	0,46	0,74	-0,08
Paneuropa Anleihen	0,08	0,09	0,15	0,09	0,17	1,00	0,27	-0,03	0,41	-0,37	-0,15	-0,23
EM-Anleihen	0,73	0,79	0,63	0,76	0,66	0,49	1,00	0,13	0,78	0,30	0,12	-0,08
Hochzins-anleihen	0,10	-0,05	0,51	-0,01	0,40	0,08	0,02	1,00	-0,39	0,50	0,86	-0,16
Globale Anleihen	0,53	0,62	0,44	0,57	0,47	0,69	0,94	-0,11	1,00	-0,03	-0,41	-0,16
Rohstoffe	0,39	0,57	0,48	0,45	0,38	-0,08	0,53	0,31	0,41	1,00	0,57	0,18
Hedgefonds	0,80	0,48	0,66	0,66	0,74	0,11	0,53	0,31	0,37	0,17	1,00	0,06
Immobilien	0,05	0,14	-0,25	0,26	-0,15	-0,02	0,27	-0,79	0,33	-0,07	-0,16	1,00

Abbildung 34: Korrelationen verschiedener Anlageklassen, Quelle: J.P. Morgan

schiedenen Finanzmärkten fein austarieren, überprüfen und sie gegebenenfalls wiederherstellen und neu justieren.

In welchem Verhältnis Aktien, Anleihen oder auch Rohstoffe und Immobilien in einem optimalen Portfolio stehen sollten, darauf gibt es keine pauschalen Antworten.

6.4. Die Aktienquote, Maß für Rendite und Risiko

Üblicherweise werden Aktien als die Anlage-Klasse mit den höchsten Renditechancen, aber auch mit den höchsten potenziellen Schwankungen und damit Risiken angesehen. Wie hoch der Anteil an Aktien im Portfolio sein darf, also die Aktienquote, entscheidet also ganz wesentlich darüber, welche Wertentwicklung in einem Wertpapier-Portfolio zu erwarten ist. Mit der Frage nach der optimalen Aktienquote haben sich eine Reihe von Studien befasst. Dazu gibt es eine Faustregel; aber vor allem gibt es Fragen, die sich der Anleger vorlegen sollte, bevor er ein Investment tätigt.

In der Anlageberatung wird zur Ermittlung der Aktienquote oft die Faustformel 100 minus Lebensalter angewandt. Damit würde ein 40-jähriger Anleger mit einer Aktienquote von 60 Prozent gut aufgestellt sein, ein Berufsanfänger mit 20 Jahren könnte eine 80-prozentige Aktienquote verkraften und bei einem 65-Jährigen kurz vor dem Ruhestand stehenden privaten Aktionär sollte sie nicht über 35 Prozent liegen.

Der Grund für das höhere empfohlene Aktienmarktrisiko in jungen Jahren liegt in der Zeitdauer, die ein junger Mensch noch im Aktienmarkt verbringen kann, bevor er seine Papiere verkauft, etwa um seinen Ruhestand zu finanzieren. Er kann eine Reihe von Crashes oder Flaute-Phasen an der Börse aussitzen. Dagegen ist ein älterer Anleger prinzipiell früher auf die Erlöse aus seinen Aktienverkäufen angewiesen.

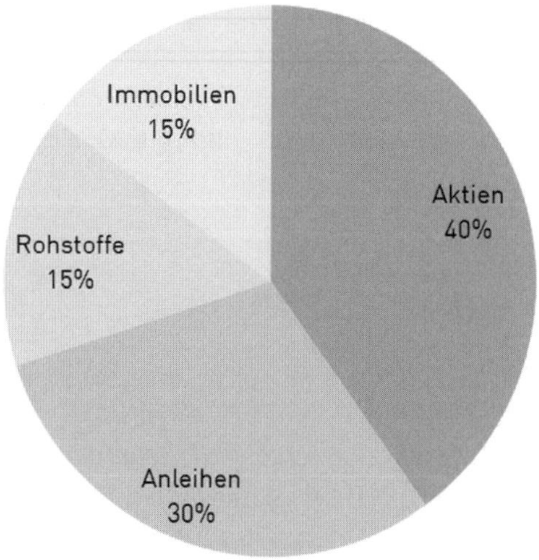

Abbildung 35: Portfolio mit verschiedenen Anlage-Klassen, Quelle: eigene Darstellung

Und die Gefahr, mit einem Großteil seiner Ersparnisse zum Rentenantritt in eine Aktienbaisse zu geraten, will er tunlichst vermeiden. Die Folgerung: Der Anteil der Aktie als Risikokomponente wird im Lauf des Anlegerlebens immer weiter reduziert.

Dass diese herrschende Lehre auf lange Sicht nicht unbedingt günstiger für einen Investor mit einem langen Atem ist, hat eine vieldiskutierte Untersuchung aus dem Jahr 2012 durch den Finanzwissenschaftler Robert Arnott belegt. Arnott rechnete drei Szenarien mit einer Vielzahl von historischen Zeitreihen durch. Das Ergebnis widerspricht der Empfehlung, dass im Zeitverlauf die Aktienquote abnehmen sollte. Bei einem Anlagezeitraum von 40 Jahren sorgte nämlich umgekehrt eine zunehmende Aktienquote von 20 bis 80 Prozent in Richtung Ruhestand für die höchsten Gesamtrenditen. Selbst eine gleichbleibende Quote von 50 Prozent lag deutlich vor der klassischen Variante, in der die Aktienquote im Alter abnimmt.

Wie hoch das vermeintliche Risiko und damit die Aktienquote tatsächlich ausfallen sollte, muss jeder private Investor für sich selbst bestimmen. Dabei hilft die Klärung einiger Fragen. Zentral für das verkraftbare Risiko ist die aktuelle Vermögenssituation: Wie hoch sind die verfügbaren Mittel auf den Konten, die nicht in den kommenden Monaten oder sogar Jahren für die Lebenshaltung oder wichtige Anschaffungen benötigt werden? Wie hoch ist der monatliche Betrag, der ohne Weiteres in den Vermögensaufbau gesteckt werden kann? Damit verbunden ist die Frage nach den Belastungen durch laufende Kredite. Viele Finanzratgeber empfehlen, laufende Konsumentenkredite zuallererst abzuzahlen. Die Zinsen, die für die Finanzierung des Neuwagens oder der neuen Einrichtung berappt werden müssen, sind oft höher als die zu erwartende Rendite am Aktienmarkt.

Auch die Tilgung eines Hypotheken-Kredites auf die eigene Wohnung oder das Häuschen sollte abgeschlossen sein, bevor in großem Stil investiert wird, meinen viele Anlageberater.

Die persönlichen Voraussetzungen für die Geldanlage sind ebenfalls entscheidend dafür, wie stark überhaupt investiert werden kann und wie hoch der Anteil riskanterer Aktien sein sollte. Wer bereits einige Jahre Erfahrung mit Anlageprodukten und dem Auf und Ab an der Börse gesammelt hat, geht womöglich entspannter Engagements ein, die zwischenzeitlich einmal 20, 30 oder gar 40 Prozent an Wert verlieren können. Wer von Natur aus sicherheitsorientiert ist, wird sich damit schwerer tun als eine risikofreudige Anlegernatur. Und wer als Selbstständiger arbeitet, hat womöglich andere finanzielle Zwänge als ein Angestellter oder Beamter. Eltern von einem oder mehreren Kindern in der Ausbildung haben engere finanzielle Spielräume als Kinderlose. Immobilieneigentümer können tendenziell mehr Risiko verkraften als Menschen, die zur Miete wohnen.

Auch der Anlagehorizont bestimmt die Neigung zur Aktie wesentlich. Auf lange Sicht sinkt das Risiko, Verluste am Aktienmarkt zu erleiden, rapide. Wer auf Sicht von mehreren Jahrzehnten investieren will, macht sich weniger aus zwischenzeitlichen Börsen-Rutschpartien – und zwar egal, ob er 20, 40 oder 60 Jahre alt ist! Wer binnen fünf oder zehn Jahren für die Ausbildung seiner Kinder wird aufkommen müssen oder für diesen Zeithorizont den Verkauf seiner Wertpapierbestände planen muss, sollte weniger ins Risiko gehen.

Wie kommt nun die Sicherheit ins Depot? Sorgen überwiegend die Aktien im Laufe einer langjährigen Anlage für die Depotperformance, dann sind es vor allem Anleihen, die es gegen allzu große Schwankungen absichern. Dem risikobehafteten Aktienanteil steht die risikofreie Komponente gegenüber. Das gilt aber auch nur, wenn die Anleihen von Schuldnern stammen, die hohe und höchste Bonitätsnoten haben – etwa Anleihen von Staaten mit entsprechender Bewertung. Dazu zählen etwa Deutschland, aber auch andere Euro-Länder, auch staatliche Bonds der Schweiz, der USA oder Japans.

Auch Unternehmensanleihen von Konzernen mit hohem Bonitätsrating können eine solche Sicherungsfunktion übernehmen. Bei all diesen Anleihen ist freilich klar: Einen Beitrag zur Gesamtrendite im Depot kann man davon derzeit nicht erwarten.

Die Sicherungsfunktion kann selbstverständlich auch ein Sparbuch, Tagesgeld- oder Festgeldkonto übernehmen. Allerdings sollten die Mittel dann unter Umständen auf mehrere Konten verteilt werden. Die gesetzlich vorgeschriebene Einlagensicherung pro Person und Bankkunde liegt in Deutschland, genau wie in den anderen EU-Ländern, bei 100.000 Euro.

Eiserne Reserve: Wie hoch der Betrag ist, mit dem jeder Anleger ständig Kasse halten sollte, hängt ebenfalls von der Risiko-Neigung und der finanziellen und persönlichen Ausgangslage ab. Empfohlen wird oft eine Mindestreserve von drei Netto-Gehältern, die jederzeit verfügbar sein sollte. Wer etwas defensiver agieren möchte, hat genug flüssige Mittel auf dem Konto, um ein halbes oder gar ein ganzes Jahr auszukommen, ohne seine Wertpapierbestände angreifen zu müssen.

6.5. Besonderheiten der nachhaltigen Asset Allocation

Wer sich ein Portfolio mit breiter Streuung über Einzelwerte und Anlageklassen unter Beachtung nachhaltiger Kriterien zusammenstellen will, der findet bestimmte Einschränkungen, aber auch Erweiterungen vor.

Grundsätzlich kommen viele Aktien oder Anleihen für ein nachhaltiges Portfolio nicht infrage, weil sie bestimmte Anforderungen an Nachhaltigkeit nicht erfüllen. Wie strikt dabei gefiltert wird, hängt wiederum von der eigenen Nachhaltigkeits-Philosophie ab.

Darüber hinaus scheiden aber auch ganze Anlageklassen als Investmentmöglichkeiten aus oder sind nur eingeschränkt nutzbar. Zum Beispiel ist ein nachhaltiges Investment in Rohstoffe an sich problematisch. Der Abbau vieler Rohstoffe hat gravierende ökologische und auch soziale Auswirkungen. Der Handel mit Agrarrohstoffen wie Weizen oder Mais, den sogenannten Soft Commodities, steht auf der Ausschlussliste vieler Fonds und anderer Großinvestoren.

Auch nachhaltige Immobilienfonds sind derzeit nur bedingt als Anlageklasse nutzbar. Die in Deutschland erhältlichen offenen Immobilienfonds erhöhen zwar ständig ihre Quote an zertifizierten »Green Buildings«, also Immobilien, die sehr effizient mit Ressourcen wie Wasser und Energie umgehen und schädliche Auswirkungen auf die Umwelt begrenzen. Aber reine »grüne« Immobilienfonds gibt es noch nicht.

Dafür kann nachhaltiges Investieren auf ganz neue Anlageformen zurückgreifen, die durchaus auch als Asset-Klasse verstanden werden können. Mikrofinanzierungen sind dafür ein Beispiel. Mit ihnen werden Kleinstkredite in weniger entwickelten Ländern über lokale Partnerbanken vermittelt. Auch wenn die Kreditwürdigkeit vieler Schuldner, Handwerker, Bauern oder Kleingewerbetreibender nicht sehr hoch ist, ist doch die Quote der Zahlungsausfälle erstaunlich niedrig. Die in Deutschland erhältlichen Mikrofinanzfonds finanzieren eine Vielzahl von Krediten. Dadurch ist die Wertentwicklung der Fonds sehr gleichmäßig aufwärts gerichtet, auch wenn die Renditen für die Fondskäufer eher bescheiden sind. Als Depotanteil, der nicht mit anderen Anlageklassen korreliert, sind solche Fonds durchaus einsetzbar.

Das gilt auch für nachhaltiges Crowdinvesting. Dabei werden zwar in der Regel nachrangige Darlehen an ökologische oder soziale Projekte vergeben. Aber auch hier gibt es keine direkte Abhängigkeit von den beiden anderen wichtigen Finanzmärkten, den Aktien- und dem Rentenmarkt. Als Depotbeimischung ist Crowdinvesting damit geeignet.

simplified

7. Drei nachhaltige Musterportfolios

Nachhaltige Investoren werden wohl stets für sich selbst bestimmen müssen, welchen konkreten Investment-Ansatz sie verfolgen. Regelungen wie die neue EU-Taxonomie, Nachhaltigkeits-Siegel oder Zertifizierungen für Fonds oder Anleihen geben dabei zwar eine wichtige Orientierung. Die Entscheidung für oder gegen eine Branche bleibt den Anlegern ebenso selbst überlassen wie die für ein konkretes Finanzprodukt, das seine Anlage-Philosophie am besten abbildet.

Drei mögliche Musterportfolios sollen nachfolgend zeigen, wie Nachhaltigkeit ein privates Depot strukturieren kann. Eine einfache passive Variante nutzt dazu wenige kostengünstige Indexfonds. Bei einer zweiten Variante werden vorwiegend aktive Fonds genutzt und neue Möglichkeiten wie Mikrofinanzierung eingesetzt. Bei einer dritten Variante steht der Impact im Vordergrund. Deshalb finden sich dort neben entsprechenden Fondsprodukten auch einzelne Aktien und Green Bonds im Portfolio.

In zwei Fällen wird in der Asset Allocation eine Aktienquote von 60 Prozent zugrunde gelegt. Dies würde nach der klassischen Faustformel einem 40-jährigen Anleger mit einem Anlagehorizont von zehn oder mehr Jahren entsprechen. Bei einem dritten Portfolio wird die Aktienquote mit 40 Prozent angesetzt, da es weitere risikobehaftete Komponenten enthält. Die genannten Produkte, Aktien oder Anleihen sind nur beispielhaft gewählt.

7.1. Musterportfolio »passiv«

Schlicht und einfach, aber effektiv und kostengünstig, kann mit nur vier ETFs ein nachhaltiges Portfolio aufgebaut werden, wie Abbildung 36 zeigt. Es deckt im Aktienmarkt knapp 400 wichtige Aktien aus 23 Industrieländern wie den USA, Japan oder Deutschland ab. Dazu kommen weitere 400 Aktien aus 26 Emerging-Markets-Ländern wie China, Indien oder Südkorea. Im Portfolio nimmt der ETF auf Industrieländer-Aktien 40 Prozent ein, der ETF mit Schwellenländeraktien kommt auf 20 Prozent.

Bei den Rentenpapieren sorgen Euro-Staatsanleihen für die wesentliche risikofreie Komponente. Dazu kommen Unternehmensanleihen, die nach einer Reihe von Ausschluss-Kriterien und einem ESG-Screening gefiltert wurden. Auf den Government Bond-ETF mit den Staatsanleihen entfallen 30 Prozent des Gesamtportfolios, die Unternehmensanleihen nehmen die restlichen zehn Prozent ein.

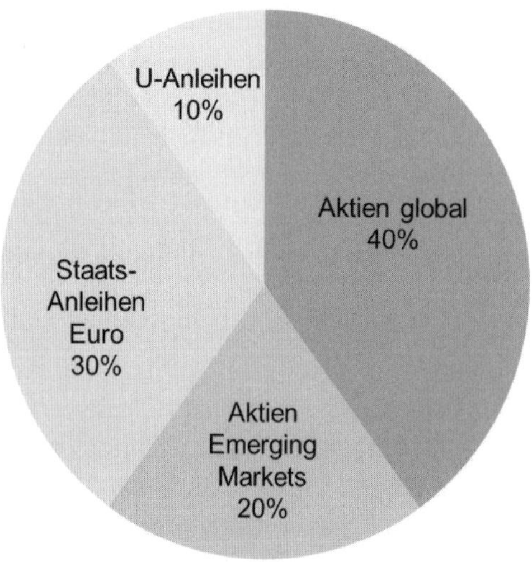

Abbildung 36: Musterportfolio »passiv«, Quelle: eigene Darstellung

Die Indexfonds können bei jeder Bank und jedem Discountbroker geordert werden. Auch ein Verkauf ist zu den üblichen Handelszeiten jederzeit kostengünstig möglich. Da die Produkte nicht aktiv gemanagt werden, sondern einen vorgegebenen Index nachbilden, sind die Kosten äußerst gering. Die vier ETFs erheben im Schnitt 0,2 Prozent jährlich an Gebühren. In der beispielhaften Auswahl wurde auch eine Streuung über die verschiedenen ETF-Anbieter vorgenommen. Im passiven Beispiel-Portfolio sind die Schweizer UBS, die französische Lyxor, iShares des US-Anbieters BlackRock und ein Xtracker der Deutsche-Bank-Tochter DWS vertreten.

Aktien global: 40 Prozent: Der ETF auf den MSCI World Socially Responsible Index der UBS steht für 45 Prozent des Portfolios (WKN: A1JA1R). Der Index hat mit seinen derzeit 385 Einzeltiteln den »großen Bruder«, den MSCI World Index, in den vergangenen Jahren hinter sich gelassen. Die jährlichen Gebühren liegen bei 25 Prozent.

Aktien Emerging Markets: 20 Prozent. Auch der nachhaltig strukturierte Schwellenländerindex, der MSCI Emerging Markets Select ESG Rating and Trend Leaders Index, hat seinen Basisindex in den vergangenen Jahren deutlich überrundet. In diesen Index werden nur Aktien mit einem guten ESG-Ranking von MSCI aufgenommen. Allerdings finden sich darin derzeit auch Energietitel, etwa der russische Ölförderer Lukoil. Der Lyxor MSCI EM ESG Trend Leaders (WKN: LYX0YG) bildet den Index ab. Die Gebühren per anno belaufen sich auf 0,3 Prozent.

Euro-Staatsanleihen: 30 Prozent. Auf klassische Staatsanleihen aus dem Euro-Raum konzentriert sich der iShares Core Euro Government Bond ETF (WKN: A0RL83). Der ETF ist nicht ausdrücklich nachhaltig konzipiert. Durch die Beschränkung auf Euro-Länder sind aber staatliche Ausschluss-Kriterien wie Menschenrechtsverletzungen und verbreitete Korruption bereits prinzipiell berücksichtigt. Der ETF kostet 0,09 Prozent an jährlichen Gebühren.

Euro-Unternehmensanleihen: 10 Prozent. Der Xtrackers II ESG EUR Corporate Bond ETF (DBX0E8) zielt auf einen Index für Unternehmensanleihen von MSCI und Bloomberg Barclays, bei dem ein aufwendiger Filterprozess stattfindet. Die Unternehmensanleihen müssen eine gute Bonität (Investment Grade) vorweisen. Und die Emittenten dürfen nicht in bestimmte Aktivitäten wie Waffenherstellung oder Glücksspiel involviert sein, die einer Social-Responsible-Prüfung nicht standhalten. Die verbliebenen Anleihen müssen zudem ein bestimmtes ESG-Rating von MSCI erreichen.

7.2. Musterportfolio »aktiv«

Mehr Produkte, mehr Anlage-Klassen und überwiegend aktiv gemanagte Fonds enthält das zweite Beispiel-Depot, das in Abbildung 37 dargestellt ist. Hier können Anleger die Möglichkeit eines aufwendigen Screenings und eines gezielteren nachhaltigen Investierens durch ein Fondsmanagement nutzen.

Mit den Anlageprinzipien der Fondsprodukte setzen sich aktive Anleger genauer auseinander. Das aktive Management hat seinen Preis, die hier exemplarisch vorgestellten Fonds sind mit jährlichen Gebühren von etwa 1,5 Prozent naturgemäß teurer als passive ETFs. Der Performance tut dies aber nicht unbedingt einen Abbruch. Die Ausgabeaufschläge lassen sich zum Teil reduzieren, wenn ein Discount-Broker, eine entsprechende Fondsplattform oder ein Fondsvermittler genutzt wird.

Im Rentenfonds-Bereich kann über gemanagte Fonds gezielter in bestimmte Green-Bond-Bereiche investiert werden. Die Emittenten ausgewählter Fondsgesellschaften haben ausnahmslos langjährige Erfahrung in Sachen Nachhaltigkeit oder sie sind sogar auf nachhaltige Fonds spezialisiert.

Bei der Zusammenstellung des Musterportfolios wird ebenfalls jede Fondsgesellschaft nur mit je einem Produkt berücksichtigt. Damit soll auch auf Anbieterebene eine gewisse Streuung erreicht werden. Als Depotbeimischung dient ein Mikrofinanzfonds. Wegen der minimalen Wertschwankungen wird er hier dem risikofreien Depotanteil zugerechnet. Die Aktienquote bleibt davon unberührt und liegt bei 60 Prozent.

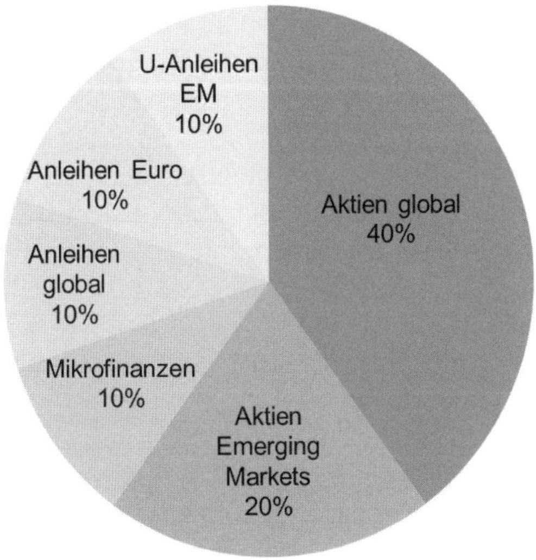

Abbildung 37: Musterportfolio »aktiv«, Quelle: eigene Darstellung

Aktien global: 40 Prozent

Zwei Fonds mit globaler Aktienanlage stellen je 20 Prozent des Musterportfolios. Beim Acatis Fair Value Aktien Global (WKN: 964894) wird in einem mehrstufigen Prozess gefiltert. Dabei werden umfangreiche Ausschlüsse formuliert und ESG-Kriterien angewandt. Der Fonds investiert gezielt in Unternehmen, die mit ihrem Geschäftsmodell eines der SDG-Nachhaltigkeits-Ziele der UN verfolgen. Acatis verfolgt generell eine Value-Strategie, bei der auf günstig bewertete Aktien mit guten Wachstumsaussichten gesetzt wird. Das aufwendige Auswahlverfahren führt zu einer Kostenpauschale von 2,3 Prozent jährlich. Der Fonds investiert derzeit stark in die Konsumgüterbranche und den IT-Bereich.

Weitere 20 Prozent entfallen auf den GLS Bank Aktienfonds (WKN: A1W2CK). Die nachhaltige Bank hat umfangreiche Anlagegrundsätze formuliert, nach denen Unternehmen weltweit ausgewählt werden. Ausschluss-Kriterien gibt es zum Beispiel für Atom- und Kohleenergie, Rüstung und Waffen, Gentechnik in der Landwirtschaft, aber auch Massentierhaltung oder Embryonenforschung. Als Positiv-Kriterien gelten erneuerbare Energien, ökologische Landwirtschaft, Soziales und Gesundheit oder auch Mobilität. Der Fonds ist stark in Industrie-, Telekom-, Konsum- und Gesundheitsaktien investiert. Die jährlichen Gebühren liegen bei 1,5 Prozent.

Aktien Emerging Markets: 20 Prozent

Den Bereich Schwellenländer deckt der auf nachhaltige Fonds spezialisierte Anbieter Ökoworld aus Luxemburg ab. Der Ökoworld Growing Markets 2.0 (WKN: A1J0HV) investiert nach Anwendung vieler Ausschluss-Kriterien gezielt in Branchen wie Stadtentwicklung, Trinkwasserversorgung oder die Energieerzeugung. Vor allem in Brasilien, China, Taiwan und Indien ist der Fonds aktuell stark vertreten. Das Fondsmanagement bevorzugt dabei Unternehmen, die sich stark auf die Binnenkonjunktur in den jeweiligen Ländern ausrichten. Hier sieht Ökoworld die nächste Wachstumswelle. Kostenfaktor pro Jahr: 2,3 Prozent.

Mikrofinanzen: 10 Prozent

Ein überschaubarer Anteil ist im Portfolio dem Thema Mikrofinanzen gewidmet. Der IIV Mikrofinanzfonds (WKN: A1H44T) ist seit fast einem Jahrzehnt am Markt erfolgreich und weist seitdem eine stetige, schwankungsarme Wertentwicklung auf. Der Fonds wird von der Frankfurter Invest in Visions gemanagt. Er konzentriert sich auf kleine und mittlere Mikrofinanzinstitute aus ländlichen Regionen. Am stärksten ist der Fonds derzeit in Ecuador (14 Prozent) investiert. Weitere Schwerpunkte sind Kirgisistan, Kambodscha, Usbekistan und die Mongolei. Die Kosten liegen hier bei zwei Prozent jährlich.

Anleihen global: 10 Prozent

Die Steyler Bank, ursprünglich von Missionaren gegründet, ist seit den 1960er-Jahren dem ethischen und ökologischen Investment verpflichtet. Der Steyler Fair Invest Bonds (WKN: A1WY1N) nutzt eine mehrstufige Analyse, um Anleihen weltweit auszuwählen. Neben Daten der Rating-Agentur ISS-ESG bestimmt auch ein Ethikbeirat über die Portfolio-Zusammensetzung. Der Rentenfonds investiert in Anleihen von Staaten und Unternehmen. Die Bonds stammen derzeit vor allem aus Frankreich, Deutschland und den USA. Die jährlichen Kosten belaufen sich auf 1,1 Prozent.

Anleihen Euro-Land: 10 Prozent

Auch die Landesbank Baden-Württemberg hat eine Tradition im Hinblick auf nachhaltige Fondsprodukte. Der LBBW Nachhaltigkeit Renten (WKN: A0X97K) kombiniert eine eigene Nachhaltigkeits-Prüfung mit einem Best-in-Class-Ansatz, der ebenfalls auf Daten von ISS-ESG basiert. Derzeit wird ganz überwiegend in Staatsanleihen und Unternehmens-Bonds aus der Euro-Zone gesetzt. Auf Unternehmensebene sind kontroverse Branchen ausgeschlossen. Bei Staatsanleihen sind Menschenrechtsverletzungen oder Korruption tabu. Der Fonds kostet 0,9 Prozent pro Jahr an Managementgebühren.

Unternehmensanleihen Emerging Markets: 10 Prozent

Ein durchaus etwas risikoreicherer Depotbestandteil ist im Beispiel-Portfolio ein Fonds, der in Unternehmensanleihen aus den Emerging Markets investiert. Der Erste Responsible Bond Emerging Corporate (WKN: A1W7PK) der österreichischen Erste Bank ist in China, Mexiko, der Türkei oder Brasilien engagiert. Bewusst werden hier neben Anleihen mit guter Bonität auch solche im »Non-Investment-Grade« in das Portfolio aufgenommen, da sie mit deutlich höheren Renditen aufwarten. Ausschluss-Kriterien, aber auch Positiv-Kriterien in Sachen Ökologie, Gesellschaft und Unternehmensführung bestimmen die Titelselektion. Der Fond erhebt jährliche Gebühren von 1,1 Prozent.

7.3. Musterportfolio »Impact«

Das dritte Beispiel-Portfolio, dargestellt in Abbildung 38, ist vor allem für Anleger geeignet, die die Wirkung ihrer Investments noch genauer verfolgen wollen und generell mehr Wert auf Impact legen. Neben ausgewählten Fondsprodukten sind hier auch Einzelaktien und einzelne Green Bonds enthalten. Engagements in Mikrofinanz-Produkten und Crowdinvesting-Projekten und ein Direktinvestment ergänzen es. Mehr Impact, das heißt nicht mehr finanzielle, wohl aber mehr soziale, sichtbare Rendite für den Anleger.

Das Portfolio birgt freilich auch höhere Risiken. Durch den Kauf von einzelnen Aktien und Bonds entstehen potenziell höhere Schwankungen im Gesamtdepot, vor allem wenn man einmal aufs falsche Pferd gesetzt hat. Selbst einen Totalausfall muss einkalkulieren, wer in einen einzelnen Windpark investiert oder ein Erneuerbare-Energien-Projekt in Afrika oder Asien fördern will.

Das höhere Risiko kann zumindest zum Teil verringert werden, indem man Direkt- oder Crowdinvestments dem risikobehafteten Teil des Portfolios zurechnet. Damit werden sie als ebenso riskant angesehen wie der Aktienanteil. Die Aktienquote liegt daher hier nur bei 40 Prozent. Darin enthalten sind bereits eine Reihe von Einzeltiteln. Auf tendenziell etwas schwankungsanfälligere Aktien aus den Emerging Markets wird außerdem verzichtet. Auch bei den Fonds wird hier stärker auf Themen fokussiert, exemplarisch hier auf das Thema Wasser. Zudem wird über ein Fondsprodukt gezielt auf Unternehmen gesetzt, bei denen Geschlechtergerechtigkeit eine starke Rolle spielt.

Ein solches Portfolio lädt zu einer regelmäßigen Beschäftigung mit den ausgewählten Unternehmen und Projekten ein. Direkte Kontakte zu den Projektbetreibern, Besuche von Hauptversammlungen oder Informationsveranstaltungen entsprechen idealerweise der Neigung des engagierten Anlegers.

Auf der Kostenseite sollte er auf möglichst günstige Transaktionskosten achten. Denn bei einer höheren Handelsfrequenz fallen diese auch stärker ins Gewicht.

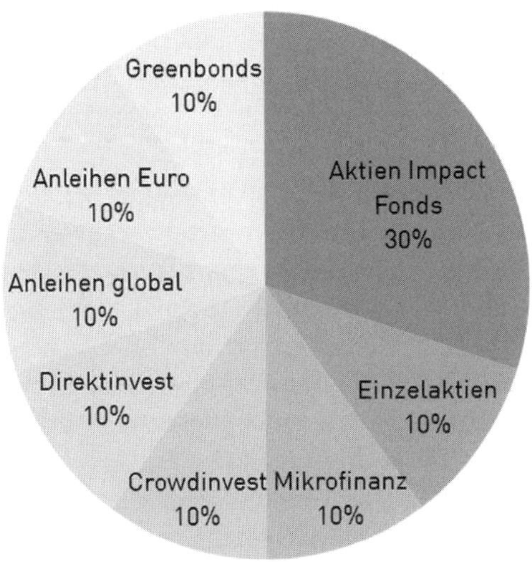

Abbildung 38: Musterportfolio »Impact«, Quelle: eigene Darstellung

Das Portfolio sollte in deutlich kürzeren Abständen überprüft werden. Beim Verkauf einer größeren Position kann des Öfteren ein Rebalancing nötig sein, um die Ausgangsverteilung zwischen den einzelnen Portfolio-Komponenten wiederherzustellen. Gleiches gilt, wenn die Kursentwicklung einzelner Aktien die Anteile im Portfolio stark verändert.

Aktien global: 40 Prozent. Der Aktienanteil wird hier auf drei Fonds und fünf Einzelaktien verteilt. Zehn Prozent sind dem Triodos Global Equities Impact Fund (WKN: A0RJ28) zugeordnet. Das Fondsmanagement streut hier über viele Regionen hinweg. Neben Aktien von Großkonzernen können auch mittelgroße und kleinere Unternehmen (Midcaps und Small Caps) aufgenommen werden. Der Fonds investiert in Firmen, die Lösungen zu sieben Themen auf dem Weg in eine nachhaltige Gesellschaft bieten. Dazu gehören etwa nachhaltige Ernährung und Landwirtschaft oder nachhaltige Mobilität und Infrastruktur. Eine Vielzahl von Ausschluss-Kriterien wird dabei eingesetzt, ESG-Ratings fließen ebenfalls in die Unternehmensbewertung ein. Die Konsum- und Gesundheits-Branche sind stark im Fonds vertreten. Regional liegen die Schwerpunkte Japan, die USA und Deutschland. Die jährlichen Managementgebühren liegen bei 1,5 Prozent.

Mit weiteren zehn Prozent wird auf das Thema Wasser gesetzt. Der Swisscanto Water Invest (WKN: A0MSPX) investiert weltweit in Unternehmen, die Menschen mit Wasser versorgen, Wasser reinigen oder die Infrastruktur für die Wasserversorgung bereitstellen. Der Fonds hat einen starken regionalen Schwerpunkt in den USA, ist aber auch in der Schweiz, Kanada oder Großbritannien investiert. Er besteht seit 2007 und kann damit einen langen erfolgreichen Verlauf vorweisen. Die Gesamtkostenquote liegt bei 1,9 Prozent.

Dem Thema Geschlechtergerechtigkeit werden weitere zehn Prozent des Impact-Portfolios zugeordnet. Der Global Gender Equality Impact Equities (WKN: A14ZRE) zeigt seit 2015 mit einer beachtlichen Wertentwicklung, dass Unternehmen mit einem höheren Frauenanteil auf der Managementebene erfolgreicher sind. Neben umfangreichen Ausschluss-Kriterien legt der Fonds Wert auf das Positiv-Kriterium geschlechtliche Gleichstellung und Gleichbehandlung in Unternehmen. Auch die Förderung weiblicher Talente in allen Unternehmensebenen macht ein Unternehmen für den Fonds interessant. Jährliche Kosten: 1,9 Prozent.

Weitere zehn Prozent entfallen hier auf fünf Einzelaktien, in die der Anleger im Musterportfolio je zwei Prozent seiner Mittel investieren würde. Das Gesamtdepot sollte eine gewisse Größe haben, damit solche Einzelinvestments nicht zu kleinteilig ausfallen. Die Alternative wäre, größere Teile des Portfolios auf einzelne Aktien zu verteilen.

Damit sinkt allerdings der Diversifikationseffekt, und das Risiko steigt. Wer auf Einzeltitel setzt, sollte Geschäftsergebnisse, Nachhaltigkeits-Berichte und die aktuelle Berichterstattung zu den Unternehmen regelmäßig überprüfen. Wenn die Story eines Unternehmens augenscheinlich nicht mehr stimmt, sollte man sich von einer Aktie zügig trennen können.

Auch bei der Auswahl von Einzelwerten sollte der eigene Nachhaltigkeits-Ansatz beachtet werden: Geht es eher darum, die nachhaltigsten Unternehmen einer Branche ins eigene Depot zu befördern? Oder soll auf bestimmte Umweltbranchen gezielt werden?

Die hier ausgewählten Aktien finden sich in bekannten Nachhaltigkeits-Indizes wie dem Global Challenges Index (GCX) oder dem Natur-Aktien Index (NAI) wieder. Zweites Auswahlkriterium: Die Firmen sind in Branchen tätig, die einen direkten Bezug zu Nachhaltigkeits-Zielen wie etwa den SDG der Vereinten Nationen haben. Und nicht zuletzt müssen die Titel an deutschen Börsen handelbar sein.

Das gilt zum Beispiel für den dänischen Windkraftanlagen-Hersteller Vestas (WKN: 913769). Der Konzern wächst prozentual zweistellig, ist weltweit tätig und hat volle Auftragsbücher.

Der britische Immobilien-Entwickler Berkeley Group Holdings (WKN: A0DKWY) hat für seine Projekte etwa in der Umgebung von London mehrfach Nachhaltigkeits-Preise gewonnen.

Ebenfalls in Großbritannien ist die Pennon Group (WKN: A0J371) angesiedelt. Das Unternehmen ist in der Wasserversorgung und Abfallentsorgung tätig.

Das US-Unternehmen Ormat Technologies (WKN: A0DK9X) ist auf den Bau und den Betrieb von Energiekraftwerken spezialisiert. Es erzielt gut drei Viertel seiner Umsätze mit dem Verkauf von Elektrizität aus Erdwärmekraftwerken, die es allein oder mit Partnern betreibt.

Die japanische Kurita Water Industries (WKN: 851119) ist ein Hersteller von Anlagen zur Wasseraufbereitung. Kurita liefert auch Chemikalien zur Desinfektion von Wasser.

Mikrofinanzen: 10 Prozent. Mit dem KCD-Mikrofinanzfonds - III (WKN: A12A0Y) engagiert sich der Anleger bei Mikrokrediten für Bauern oder Kleingewerbetreibende in Asien, Südamerika und Osteuropa. Insgesamt hat der Fonds inzwischen Geld an 59 Institute in 29 Ländern vergeben. Gemanagt wird der Fonds von der Luxemburger IPC Concept, einem Spezialisten für alternative Investments. Der Fonds weist trotz 1,8 Prozent jährlicher Kosten eine stetig positive Wertentwicklung seit seinem Start 2015 aus und verwaltet inzwischen rund 100 Millionen Euro.

Crowdinvesting: 10 Prozent. Hohe Renditen, hohes Risiko. Crowdinvesting als Bestandteil eines nachhaltigen Portfolios sollte aufgrund der Besonderheiten dieser Anlageform als Depotbeimischung verstanden werden. Beispielhaft werden hier zehn Prozent des Portfolios eingesetzt. Um das Risiko noch weiter zu senken, sollte die Investition möglichst auf mehrere Entwicklungs- oder Umweltprojekte gesplittet werden, das ist bereits mit kleinen Beträgen möglich. Auch kann man mehrere Plattformen für seine Crowdinvestments nutzen, um weiter zu streuen. Ein Beispiel hierfür wäre, einen Teil der Mittel in ein Projekt wie Solarhome-Systeme in einem afrikanischen Land über die Plattform Bettervest zu investieren. Mit einem weiteren Teilbetrag könnte ein Startup-Unternehmen auf WiWin unterstützt werden, das Software entwickelt, mit der umweltfreundliche Energiekonzepte für Gebäude geplant und gemanagt werden können.

Direktinvestment: 10 Prozent. Überdurchschnittliche Risiken bis hin zum Totalverlust sind auch mit direkten Investitionen in einzelne umweltbezogene oder soziale Projekte verbunden. Hier sollte ebenfalls nur ein streng begrenzter Anteil der verfügbaren Mittel eingesetzt werden. Der Anleger sollte während der Vorbereitungen und der Laufzeit des Projekts eng an seinem Investment dranbleiben. Informationen des Projektbetreibers und gegebenenfalls des Vermittlers sollten kritisch geprüft, Risikohinweise ernst genommen werden. Beispielhafte Direktinvestments sind etwa solche in Solarpark-Projekte, die möglichst ihren Schwerpunkt in Deutschland und Europa haben sollten. Dies sind in der Regel Nachrang-Darlehen. So hat etwa ein Unternehmen aus Baden-Württemberg, die Ranft Energie GmbH, Darlehen aufgelegt, um Solaranlagen aufzubauen, deren Strom entweder ins öffentliche Netz eingespeist oder direkt an Endkunden verkauft werden soll. Anleger können Laufzeiten zwischen zwei und vier Jahren wählen, die mit unterschiedlichen Zinsen ausgestattet sind. Der Anbieter kann auf eine Reihe erfolgreicher Projektabschlusse verweisen.

Anleihen global 10 Prozent. Mit dem Erste Responsible Bond Global Impact (WKN: A14S0T) engagiert sich der Anleger in Green Bonds, Klimabonds und Social Bonds, also Anleihen, die konkrete soziale oder ökologische Projekte und Unternehmen finanzieren. Schwerpunktmäßig investiert die Erste Asset Management, die Fondsgesellschaft der Erste Group Bank aus Österreich, in Staatsanleihen oder in Anleihen staatsnaher Institutionen sowie von Finanzdienstleistern. Dazu gehören mehrere Entwicklungsbanken und auch die Europäische Investitionsbank. Das Fondsmanagement legt dabei Wert auf externe Zertifizierungen der Anleihen, um Greenwashing zu vermeiden. Die Gebühren belaufen sich auf 0,8 Prozent.

Anleihen Europa: 10 Prozent. Einen europäischen Fokus hat der Triodos Euro Bond Impact Fund (WKN: A0RJ23) der Triodos Bank. Darunter sind sowohl Staatsanleihen als auch Unternehmensanleihen. Die Bonds haben zumindest ein Investment-Grade-Rating, also gute bis durchschnittliche Bonität, der Großteil der Anleihen im Fondsvermögen hat aber sehr gute Bonitätsnoten. Das Fondsmanagement setzt vor allem auf Staatsanleihen aus Frankreich, Deutschland und den Niederlanden. Anleihen von Unternehmen sind zum Beispiel in den Branchen Medizintechnik, Infrastruktur oder Mobilität zu finden. Bei 1,2 Prozent liegt die jährliche Gebühr des Fonds.

Green Bonds: 10 Prozent. Einzelne Anleihen von Staaten oder Unternehmen zu kaufen, ist über die Börse ebenso möglich wie diese Anleihen gebündelt in einem Rentenfonds zu erwerben. Bei Kauf und Verkauf von Anleihen sollte darauf geachtet werden, dass der Markt liquide ist, also genügend Angebot und Nachfrage besteht, um einen fairen Marktpreis zu erzielen. Anleihen von Staaten oder staatsnahen Instituten sind derzeit nur mit Mini-Zinsen ausgestattet. Im beispielhaften Impact-Portfolio werden je fünf Prozent in einen quasi-staatlichen Bond der KfW und einen Unternehmens-Bond investiert. Green Bonds der staatlichen Kreditanstalt für Wiederaufbau (KfW), die in der Euro-Währung emittiert wurden, kommen derzeit zum Teil auf eine Negativrendite wie eine bis 2026 laufende Anleihe (WKN: A2LQLU). Mit den eingenommenen Mitteln wird das KfW-Förderprogramm »Erneuerbare Energien« finanziert. Für Anleger ist ein Investment damit eher eine »grüne« Parkstation für liquide Finanzmittel.

Nur wenige Green Bonds von Unternehmen, die gemäß ihrem Geschäftszweck einem nachhaltigen Ziel verpflichtet sind, sind in Deutschland erhältlich. Das Green-Bond-Segment der Deutschen Börse listet diese Wertpapiere auf. Ein Beispiel dafür ist der Green Bond des Münchener Mischkonzerns BayWa (WKN: A2YNR2), auf den im Musterportfolio weitere fünf Prozent entfallen. Das Unternehmen will mit den Einnahmen aus der Emission neue und bestehende Solar- und Windkraftanlagen weltweit finanzieren. Die Anleihe läuft noch bis 2024 und hat einen Zinskupon von 3,125 Prozent pro Jahr. Da sie über pari (also über dem Nominalwert von 100 Prozent) notiert, ist die jährliche Rendite aber niedriger.

simplified

8. Depotpflege – überwachen, prüfen, ausbalancieren

Eine langfristige Geldanlage hat viele Vorteile. Harte Zeiten am Aktienmarkt kann der private Anleger mit Gleichmut ertragen. Er weiß, dass auf Kursrückgänge immer neue Höchststände folgen. Ein eigenes Anlage-Portfolio, das breit gestreut in mehrere Anlageklassen investiert, senkt die realen Schwankungen außerdem deutlich.

Im Gegensatz zum kurzfristig agierenden Trader muss ein Langfrist-Investor nicht versuchen, den Markt zu schlagen oder den richtigen Einstiegszeitpunkt zu finden. Er muss auch nicht hektisch Kursen hinterherlaufen oder aus Angst vor Verlusten Gewinne mitnehmen, wenn die Börsen eine Phase guter Kursentwicklung absolviert haben.

Der Markt selbst spielt dem Anleger mit nachhaltigem Fokus zusätzlich in die Hände. Unternehmen, die nachhaltig wirtschaften, sind stabiler und risikoärmer als andere Firmen. Fonds und Indexprodukte, die den Markt effektiv nach Aktien und Anleihen durchkämmen und die Nachhaltigkeits-Kriterien überdurchschnittlich gut erfüllen, sind langfristig im Vorteil.

8.1 Strategie- und Produktchecks

Je nach der eigenen Nachhaltigkeits-Strategie ist die Hege und Pflege im eigenen Depot mehr oder weniger aufwendig. Befinden sich auch Einzeltitel, also Aktien und Rentenpapiere, darin, sollte ein Anleger ohnehin nah an den Unternehmen und Emittenten bleiben und deren finanzielle und auch umweltbezogene Kennziffern im Blick behalten.

Er will vielleicht sogar an der Hauptversammlung »seiner« Unternehmen teilnehmen und sich ein direktes Bild von den Geschäftsergebnissen, Zukunftsplänen und dem Management machen. Die Lektüre von Nachhaltigkeits- und Geschäftsberichten gehört dann fast dazu. Verändern sich diese Berichte im negativen Sinne, steht womöglich ein Verkauf an. Wenn neue interessante nachhaltige Produkte oder Unternehmen in den Blick geraten, werden diese gegebenenfalls ins Portfolio aufgenommen und verdrängen andere Aktien – es steht eine Umschichtung an.

Bei einem Engagement in Wind- oder Solarparks, ob über Anleihen, Darlehen oder per Direktinvestment, sollte man den Verlauf dieser Projekte eng verfolgen. Bei Crowd-Projekten wird idealerweise ebenfalls über die Entwicklung in regelmäßigen Abständen informiert.

Für den generellen Check-up des Depots empfiehlt sich ein regelmäßiger Turnus. Bei einem aktiv gemanagten Portfolio kann dies quartalsweise geschehen. Liegt der Schwerpunkt eher bei Fonds und ETFs, dann kann eine halbjährliche oder sogar jährliche Visite ausreichen.

Dabei ist auch die Zusammensetzung des Depots noch einmal grundsätzlich zu überprüfen. Erfüllt dieser oder jener Fonds die eigenen Nachhaltigkeits-Kriterien? Gibt es neue Produkte, die die eigenen Ziele besser abbilden? Und: Hat sich die eigene Haltung womöglich verändert, zum Beispiel in Richtung eines stärkeren Engagements oder Impacts bei den Investments?

Wer mit Stop-Orders arbeitet, um seine Einzelpositionen vor allzu heftigen Verlusten zu schützen, sollte diese ebenfalls regelmäßig in den Blick nehmen. Ist eine Aktie weit nach oben gelaufen, kann ein solcher Stop-Loss nachgezogen werden.

8.2 Regelmäßiges Rebalancing

Ein einmal strukturiertes Depot verändert sich im Lauf einer gewissen Zeit in seiner anteilsmäßigen Zusammensetzung. Nach zwei oder drei Jahren hat sich nicht nur der Gesamtwert des Depots hoffentlich deutlich erhöht – auch die Quoten der einzelnen Asset-Klassen haben sich verschoben. Statt bei 60 Prozent liegt durch den überproportionalen Wertzuwachs der Aktien die Aktienquote nun vielleicht bei 70 Prozent, Anleihen machen nur noch 30 Prozent aus.

Eigentlich ist das nicht schlimm, denkt sich der erfolgreiche Privatanleger, doch mit der Verschiebung in der Struktur der Aufteilung hat sich auch das Risikoprofil des Portfolios verändert. Plötzlich ist das Wertpapier-Vermögen deutlich anfälliger für Crashs am Aktienmarkt geworden. Der geringere Anteil der überwiegend risikofreien Anleihen kann solche Verwerfungen nicht mehr im gleichen Umfang wie bisher abpuffern. Der Anleger rutscht unmerklich von einer Strategie mit mittlerem Risiko in einen Hochrisiko-Ansatz.

Um die Ausgangsverteilung wiederherzustellen, muss der Anleger in die Depotstruktur aktiv eingreifen, er muss ein Rebalancing vornehmen, wie dies beispielhaft im Abbildung 39 zu sehen ist.[72]

Dabei sind mehrere Varianten möglich:

Am einfachsten ist es, diejenigen Aktien oder Fondsanteile, die zu einem bestimmten Zeitpunkt einen zu großen Anteil im Depot bekommen haben, zu verkaufen. Veräußert werden so viele, dass die Aufteilung wieder passt. Unter Umständen muss dann noch bei den Underperformern nachgekauft werden, um alles ins Lot zu bringen. Eine Excel-Tabelle kann dabei wertvolle Dienste leisten.

Während bei der klassischen Variante des Rebalancings stets zu einem bestimmten Zeitpunkt das Portfolio zurückgesetzt wird, wird der Anleger in einer zweiten Variante nur dann tätig, wenn sich die Anteile einzelner Titel oder ganzer Anlageklassen um einen Mindestwert verschieben. Zum Beispiel wird ein Rebalancing erst dann angestoßen, wenn zumindest eine Asset-Klasse einen Schwellenwert (zum Beispiel zehn Prozentpunkte Abweichung) überschritten hat. So wird das Portfolio etwa nur dann zurückgesetzt, wenn die Aktienquote von 50 auf mehr als 60 Prozent gestiegen ist.

Wer aus seinem Wertpapierdepot ohnehin in bestimmten Zeitabständen Entnahmen vornimmt, kann diese direkt zum Rebalancing nutzen und zwei Fliegen mit einer Klappe schlagen.

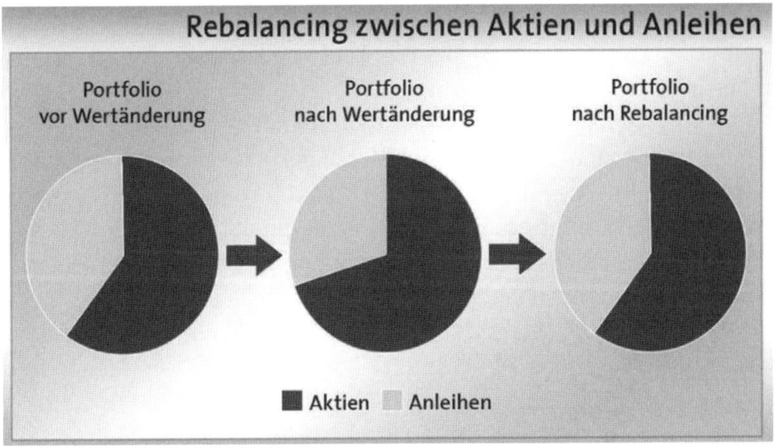

Abbildung 39: Wie funktioniert Rebalancing?, Quelle: boerse.ARD.de, Ginmon

Die Entnahmen erfolgen dann aus dem Verkaufserlös von Depotposten, deren Anteil über den ursprünglich vorgesehenen Anteil gestiegen ist. In einer Aktienhausse würden dann zuerst diejenigen Titel oder Fondsanteile veräußert, deren Gewicht im Depot deutlich über das Ausgangsniveau gestiegen ist.

Auch bei einer Aufstockung der Wertpapiere im Depot kann ein Rebalancing stattfinden. Es werden dann die Anlageklassen oder Titel oder Fondsanteile nachgekauft, deren Quote innerhalb des Depots gesunken ist. Damit wird gewissermaßen zu einem günstigeren Kurs verbilligt nachgekauft. Auch aufgelaufene Ausschüttungen aus Aktien oder Fondsbeständen können dafür genutzt werden.

Experten wie der ETF-Guru Gerd Kommer empfehlen, eine solche Austarierung nicht häufiger als alle ein bis drei Jahre vorzunehmen. Häufigeres Rebalancing verursacht hohe Transaktionskosten und belastet auch die Anlegernerven, wenn ständig feingetunt werden soll. Wer wie im oben genannten Beispiel die Quote des gut gelaufenen Aktienanteils herunterfährt, handelt sich dabei prinzipiell eine statistisch niedrigere Rendite in der Zukunft ein, denn ein höherer Anteil an Dividendenpapieren sorgt prinzipiell nun einmal für höhere Performance. Dafür gewinnt der betreffende Anleger mit der Erhöhung der Anleihenquote aber wieder das Maß an Sicherheit zurück, das er ursprünglich gewollt hat.

Wer ein Rebalancing nicht nur zwischen den verschiedenen Anlageklassen, sondern auch etwa innerhalb der Aktienanteile vornimmt, bekommt übrigens einen gewissen Rebalancing-Bonus. Statistisch soll diese Maßnahme einen halben Prozentpunkt Rendite pro Jahr an Zusatzrendite einbringen. Bei einem Anlagezeitraum von 35 Jahren wären das 20 Prozent mehr Vermögen am Ende. Rebalancing kann also prinzipiell die Wertentwicklung verbessern, ohne das Risiko eines Anlegerdepots zu verringern.

Fazit: Nachhaltig investieren – aus der Nische in den Mainstream

Geldanlage, die Rücksicht nimmt auf Umweltaspekte, die ethische und soziale Standards unterstützt und die auf gute Unternehmensführung achtet, liegt im Trend.

Die Wachstumsraten von nachhaltigen und verantwortlichen Finanzprodukten waren in den vergangenen Jahren bereits enorm. Die Geschwindigkeit, mit der sie in den Markt drängen, wird zudem künftig wohl noch steigen.

Große Investoren wie Stiftungen, Kirchen, Pensionsfonds und Versorgungswerke, aber auch Versicherungen, wollen bewusst nachhaltig investieren. Ihnen liegt auch deshalb daran, weil sie sich mehr Zukunftsfähigkeit, niedrigere Risiken und eine erhöhte Rendite davon erhoffen. Private Anleger springen bislang noch eher zögerlich auf den Nachhaltigkeits-Trend in Sachen Geldanlage auf. Dabei ist das Interesse daran groß. Die »deutsche Angst« der Bundesbürger vor der Anlage in Aktien und allgemein in Finanzprodukten wirkt dabei als Hemmschuh. In der Anlageberatung werden Privatanleger dank der neuen Finanzmarktrichtlinie (MIFID II) in Zukunft stärker auf nachhaltige Produkte hingewiesen. Vielen privaten Investoren fehlt dennoch weiterhin eine klare Orientierung dazu, was »grüne« Geldanlagen sind und wie man in sie investieren kann, ohne allzu große Risiken einzugehen.

Neue Vorgaben auf politischer Ebene können in den kommenden Jahren dabei helfen: Die EU-Taxonomie, ein Regelwerk auf europäischer Ebene, will eine verbindliche Definition dazu liefern, was nachhaltig ist und was nicht.

Dass in der Politik dem Thema Nachhaltigkeit allgemein mehr Aufmerksamkeit gewidmet wird, zeigt sich auch im »Green Deal«. Dadurch will die Europäische Gemeinschaft bis 2050 klimaneutral sein. Entsprechend überlegt die Bundesregierung, einen eigenen staatlichen Green Bond herauszugeben. Die Europäische Zentralbank (EZB) erwägt analog dazu, ein Ankaufprogramm für grüne Anleihen zu starten.

Privatanleger werden in den kommenden Jahren mehr Auswahl zwischen nachhaltigen Finanzprodukten haben. Diese Produkte werden zudem stärker nach Anlagestrategien und Nachhaltigkeits-Standards differenziert sein. Neue Fonds-Varianten werden das nachhaltige Anlage-Universum bereichern. Dazu gehören wohl bald Immobilien-Fonds, die ausschließlich in »Green Buildings« investieren. Sogar erste nachhaltige Rohstoff-Fonds sind inzwischen im Angebot.

Weiterhin aber werden Unternehmen aus Branchen wie Öl und Gas, Tabak und Waffen viele Milliarden Euro und Dollar verdienen. Ihre Aktien werden bis auf Weiteres von vielen großen und kleinen Investoren gekauft. In einigen Jahren wird es vermutlich zunächst einen Gleichstand zwischen nachhaltigen und konventionellen Anlagen im Finanzmarkt geben. Danach aber könnten nachhaltige Geldanlagen bei Aktien und Finanzprodukten zum »Must-have« werden.

Die Möglichkeiten, nachhaltig vorzusorgen und Vermögen zu bilden, werden also immer vielfältiger. Gerade bei dieser Form der Geldanlage bleiben interessierte, engagierte und auch entschlossene Anleger besonders gefragt. Sie haben die Chance, am Finanzmarkt Unternehmen und Projekte unterstützen, die in der Gesellschaft mehr Nachhaltigkeit durchsetzen wollen. So können sie ihren Teil dazu beitragen, Finanzströme umzulenken, in Richtung einer besseren Zukunft.

simplified

Literaturhinweise

Beck, Ralf: Crowdinvesting (2017), Börsenbuchverlag, Kulmbach

Ernst, Dietmar und Marc Schurer: Portfolio Management (2015), utb Verlag, München

Everling, Oliver und Robert Lempka (Hrsg.): Finanzdienstleister der nächsten Generation (2013), Frankfurt School Verlag. Frankfurt

Klein, Christopher M.: Ökoethinvesting (2019, 2. Aufl.) KLHE-Verlag, Düsseldorf

Kommer, Gerd: Souverän Investieren mit Indexfonds & ETFs (2015, 4. Aufl.), Campus Verlag, Frankfurt

Levermann Susan: Der entspannte Weg zum Reichtum (2010), Carl Hanser Verlag, München

Markowitz, Harry M.: Portfolio Selection (2018), FinanzBuch Verlag, München

Meadows, Dennis L.: Grenzen des Wachstums – Das 30-Jahre-Update (2015), S. Hirzel Verlag, Stuttgart

Pinner, Wolfgang: Nachhaltig investieren & gewinnen, (2012), Linde Verlag, Wien

Pufé, Iris: Nachhaltigkeit (2017, 3. Aufl.), utb Verlag, München

Ringer Markus: Nachhaltig Investieren (2012): Edition Ringer, Erbendorf

Rodin, Judith: The Power of Impact Investing (2014), Wharton School Press, Philadelphia

Sauren, Eckhard: Die Zinsfalle (2015), FinanzBuch Verlag, München

Schmidlin, Nicolas: Unternehmensbewertung & Kennzahlanalyse (2013, 2. Auflage), Vahlen Verlag, München

Schönwiese, Christian: Klimawandel kompakt (2019), Bornträger Verlag, Stuttgart

Schwalm, Till: Einfach Investieren (2018), FinanzBuch Verlag, München

Van Vleit, Pim: High Return from Low Risks (2017), FinanzBuch Verlag, München

VZ Vermögenszentrum: Einfach anlegen mit ETFs (2016), FinanzBuch Verlag, München

simplified

Anmerkungen

1 Nachhaltigkeit (Forstwirtschaft) https://de.wikipedia.org/wiki/Nachhaltigkeit_(Forstwirtschaft)
2 Geschichte der Forstwirtschaft https://de.wikipedia.org/wiki/Forstwirtschaft
3 Begriff Nachhaltigkeit https://de.wikipedia.org/wiki/Nachhaltigkeit
4 Dennis Meadows: The Limits to Growth, 1972
5 Brundtland-Bericht: Our Common Future, 1987
6 Kyoto-Protokoll, 2001, https://www.bmu.de/gesetz/protokoll-von-kyoto-zum-rahmenuebereinkommen-der-vereinten-nationen-ueber-klimaaenderungen/
7 Pariser Übereinkommen, 2015, https://ec.europa.eu/clima/policies/international/negotiations/paris_de
8 Weltgipfel Rio + 10 Johannesburg 2002, https://www.nachhaltigkeit.info/artikel/weltgipfel_johannesburg_2002_1004.htm
9 Agenda 2030, Vereinte Nationen 2015, https://www.un.org/Depts/german/gv-70/band1/ar70001.pdf
10 SDG Datahub, Vereinte Nationen, https://unstats-undesa.opendata.arcgis.com/
11 SDG Datenbank, Destatis, https://sustainabledevelopment-germany.github.io/
12 EU: Europäischer Greendeal, https://ec.europa.eu/commission/presscorner/detail/en/IP_19_6691
13 FNG Marktbericht 2019, https://www.forum-ng.org/images/stories/Publikationen/fng-marktbericht_2019.pdf
14 Frankfurt Hohenheimer Leitfaden, https://www.cric-online.org/images/individual_upload/div_infos/fhl-d-05.pdf
15 Global Reporting Initiative, https://www.globalreporting.org/standards/gri-standards-download-center/

16 EU-Aktionsplan zum Thema Nachhaltigkeit, https://eur-lex.europa.eu/legal-content/DE/TXT/?uri=CELEX%3A52018DC0097
17 GSI-Alliance, http://www.gsi-alliance.org/wp-content/uploads/2019/06/GSIR_Review2018F.pdf
18 Gemeinsamer Bericht von OECD, Weltbank, UN https://www.oecd.org/newsroom/oecd-un-environment-and-world-bank-call-for-a-radical-shift-in-financing-for-a-low-carbon-climate-resilient-future.htm
19 Handelsblatt vom 10.09.2019, https://www.handelsblatt.com/politik/international/globale-kommission-fuer-anpassung-studie-zeigt-wirtschaftlichen-nutzen-von-investitionen-wegen-klimawandel/24998022.html?ticket=ST-36856981-Ku0SKbWRUgcneZNzMebt-ap2
20 Überblick ESG-Fonds, Morningstar, https://www.morningstar.de/de/news/195665/schnell-schneller-nachhaltigkeitsfonds.aspx
21 Private Banking Magazin vom 25.10.2019, https://www.private-banking-magazin.de/plaene-der-bundesregierung-so-komplex-ist-die-erste-gruene-bundesanleihe/
22 Verbraucherzentrale vom 25.09.2018, https://www.verbraucherzentrale.de/wissen/geld-versicherungen/sparen-und-anlegen/prokoninsolvenz-das-wichtigste-auf-einen-blick-11466
23 Finanztest vom 09.12.2019, https://www.test.de/Ethisch-oekologische-Sparangebote-saubere-Zinsangebote-4590882-0/
24 Verbraucherzentrale Banken-Porträts, https://www.geld-bewegt.de/wissen/geld-versicherungen/nachhaltige-geldanlage/bankenportraets-29061
25 Fair Finance Guide, https://www.fairfinanceguide.de/
26 Facing Finance, http://www.facing-finance.org/de/
27 Commerzbank, https://www.commerzbank.de/de/nachhaltigkeit/gesellschaft/klimaneutralitaet/klimaneutralitaet_1.html
28 DKB Crowd, https://www.dkb.de/privatkunden/dkb-crowd/
29 Tomorrow Bank, https://www.tomorrow.one/de-de/impact
30 Spiegel vom 04.10.2019, https://www.spiegel.de/wirtschaft/deutschland-sparer-horten-fast-eine-billion-euro-zinslos-auf-girokonten-a-1290017.html
31 Verbraucherzentrale Produktvergleich Sparangebote, https://www.geld-bewegt.de/wissen/geld-versicherungen/nachhaltige-geldanlage/produktvergleich-29065
32 KfW Green Bonds, https://www.kfw.de/KfW-Konzern/Investor-Relations/Nachhaltigkeit-ALT/
33 BayWa Green Bond, https://www.baywa.com/downloadcenter#/?categories=anleihe&datefrom=2018&dateto=2019

34 E.ON Green Bond, https://www.eon.com/de/ueber-uns/presse/pressemitteilungen/2019/eon-gibt-gruene-unternehmensanleihen-in-hoehe-von-1-5-milliarden-euro-aus.html
35 ICMA, Green Bond Principles, https://www.icmagroup.org/green-social-and-sustainability-bonds/green-bond-principles-gbp/
36 EU-Vorschlag zu Green-Bond-Standards, https://ec.europa.eu/info/publications/sustainable-finance-teg-green-bond-standard_en
37 Green-Bond-Segment der Deutschen Börse, https://www.boerse-frankfurt.de/bonds/green-bonds
38 Green Bonds an der Börse Hamburg/Hannover, https://www.boersenag.de/Green_Bonds
39 DKB Social Bond-Programm, https://www.dkb.de/privatkunden/social-bond/
40 ECOreporter, Grüne Anleihen, https://www.ecoreporter.de/gruene-anleihen-aif/
41 Natur-Aktien-Index https://www.nai-index.de/seiten/firmen_liste.html
42 GCX-Index http://gcindex.boersenag.de/de/index.php
43 Bondguide, https://www.bondguide.de/
44 DAI-Renditedreieck, https://www.dai.de/de/das-bieten-wir/studien-und-statistiken/renditedreieck.html
45 BlackRock Megatrends, https://www.blackrock.com/at/privatanleger/themen/megatrends
46 FNG-Fondssiegel, https://www.forum-ng.org/de/fng-siegel/vorstellung-des-siegels.html
47 LBBW Global Warming Fonds, https://www.lbbw-am.de/fonds/DE000A0KEYM4/
48 MSCI-ESG-Ratings, https://www.msci.com/esg-ratings
49 Global Reporting Initiative, https://www.globalreporting.org/Pages/default.aspx
50 Susan Levermann: Der entspannte Weg zum Reichtum, 2010
51 BVI-Fondsstatistik, https://www.bvi.de/service/statistik/investmentstatistik/
52 Finanztest, 03.07.2017, https://www.test.de/Ethisch-oekologische-Fonds-So-legen-Sie-sauber-an-4741500-0/
53 Datenbank Nachhaltiges Investment, https://www.test.de/Ethisch-oekologische-Fonds-So-legen-Sie-sauber-an-4741500-0/
54 Fondssuche auf ebase, https://www.ebase.com/services/fondssuche/
55 Gevestor, Sharpe Ratio, https://www.gevestor.de/details/sharp-ratio-beispiel-fuer-die-anwendung-der-bewertungskennzahl-619750.html

56 Bamalliance, Fondsvergleich, https://thebamalliance.com/blog/2018s-active-vs-index-scorecard/
57 Das Investment, 18.06.2019, https://www.dasinvestment.com/lyxor-etf-barometer-im-mai-nachhaltigkeitsfonds-verzeichnen-haelfte-aller-nettozufluesse/
58 Spiegel vom 28.10.2006, https://www.spiegel.de/politik/ausland/oslo-friedensnobelpreis-fuer-muhammad-yunus-a-442409.html
59 Crowdinvest, https://www.crowdinvest.de/
60 BaFin zum Crowdinvesting, https://www.bafin.de/DE/Aufsicht/FinTech/Crowdfunding/Crowdinvesting/crowdinvesting_node.html
61 BaFin zum VIB, https://www.bafin.de/DE/Aufsicht/FinTech/VIB/vib_node.html
62 Bundesverband Crowdfunding, https://www.bundesverband-crowdfunding.de/transparenzsiegel/
63 Insolvenzverfahren P&R, http://www.frachtcontainer-inso.de/
64 BaFin zu Direktinvestments, https://www.bafin.de/SharedDocs/Veroeffentlichungen/DE/Fachartikel/2019/fa_bj_1903_Produktinternventionsmassnahmen_.html
65 Test.de vom 08.01.2018, https://www.test.de/Waldinvestments-Alle-Angebote-im-Test-fallen-durch-5260817-0/
66 ECOreporter, Anlagechecks, https://www.ecoreporter.de/gruene-anleihen-aif/ecoanlagechecks-uebersicht/
67 extraETF, Marktübersicht Robo Advisor, https://de.extraetf.com/research/robo-advisor-markt-in-deutschland
68 Nachhaltige Musterportfolios auf JustETF, https://www.justetf.com/de/portfolio-templates.html?portfolioGroup = SUSTAINABLE
69 Umfrage Verbraucherzentrale Bremen, https://www.geld-bewegt.de/sites/default/files/migration_files/media248488A.pdf
70 Stop-loss-Order bei boerse.ARD.de, https://boerse.ard.de/boersenwissen/boersenwissen-fuer-fortgeschrittene/die-stop-loss-order-gewusst-wie-100.html
71 Harry M. Markowitz, Portfolio Selection: Efficient Diversification of Investments, 1959
72 boerse.ARD.de vom 23.08.2019, https://boerse.ard.de/anlagestrategie/geldanlage/gleichgewicht-fuers-depot100.html